企業組織の発展段階を知ろう！

ベンチャーの経営変革の障害

樋口晴彦 著
Higuchi Haruhiko

「優れた起業家」が
「百年企業の経営者」と
なるためには……

東京 白桃書房 神田

はじめに

　本書は，株式会社ディー・エヌ・エー[1]のキュレーション事業（後述）で発生した著作権侵害事件の事例研究を踏み台として，同事件を引き起こしたDeNA経営者の問題点が起業家の特性に由来しており，さらにファーストリテイリングやソフトバンクの後継者問題を巡る混乱にもやはり起業家の特性が関係しているなど，急成長を遂げたベンチャー企業の起業家が陥りやすい失敗を指摘することにより，今後のベンチャー経営の参考にしていただくとともに，他企業がベンチャー企業と連携する際の留意点を提示することを狙いとする。

　第1章では，著作権侵害事件を分析する前提として，DeNAという企業に対する理解を深めるため，同社の創業以来の事業展開を総覧し，ゲーム事業の華々しい成功と近年における業績低下，その他の事業の立ち上げと失敗，特に大規模投資を実施した海外事業の失敗について説明した。さらに，過去の2件の組織不祥事（独占禁止法違反事件及び景品表示法違反事件）の際に，DeNAがどのように対応したかについて検証した。

　第2章では，問題のキュレーション事業の立ち上げに至った経緯，事業リスクに関する社内の検討状況，事業展開の状況，SEO（後述）に基づく記事量産とクラウドワーカーの活用を柱とする事業方針，事業拡大と不祥事発覚の状況などについて解説した。

　第3章では，SEO重視方針に対する各サイトの反応を総括した上で，著作権侵害問題に対するチェック体制の問題点として，方針の不在，コピペ（後述）対策のばらつき，コピペを助長するマニュアル，編集担当者の不足と外部編集ディレクターへの依存などを指摘した。さらに，DeNAが運営していた個々のサイトについて，編集方針の変遷やテキスト・画像のチェッ

1　以下，「DeNA」と表記し，他の企業名についても「株式会社」を省略する。

ク状況などを解説した。

　第4章では，著作権侵害事件を引き起こした原因として，DeNA経営者の経営判断や経営姿勢，社内のリスク管理部門の機能不全などについて分析し，そのメカニズムを明らかにした。特に前者に関しては，業績悪化による経営者の焦燥，成長優先・数値偏重の経営姿勢，業界内常識に染まった人物の登用，リスク管理の軽視，企業統治の不在などを指摘した。

　第5章では，ベンチャー企業及びその核となる起業家の本質について分析し，ベンチャー企業の成長段階に応じて経営方式を変革する必要性について考察した上で，起業家自身が経営方式の変革に消極的であるために，リスク管理や企業統治の整備が遅れて経営上の問題が誘発されるとして，「ベンチャー経営の変革困難性のリスク」を指摘した。さらに，経営変革の具体策である補佐役の起用，企業統治の構築，チーム経営への移行，後継者の選任の4件について，ファーストリテイリング・ソフトバンクなどの具体例を取り上げ，起業家がどのように変革の障害となるかを分析した。

　低成長が続く日本経済では，ベンチャー企業の成長力に対する期待が高まっており，既存の大企業が資本参加や営業の受託などの形でベンチャー企業との業務提携を図るケースも増えている。こうした社会的要請に応えるため，「ベンチャー経営の変革困難性のリスク」に留意して，ベンチャー企業の成長段階に応じた経営変革を促していくことが急務と思量する。

　本書では，読者の混乱を避けるために，DeNA・ファーストリテイリング・ソフトバンクの経営者及びその関係者の一部を実名で表記させていただいた。その点について不快と感じられる方に対し，あらかじめお詫びをする。また，本書の執筆に当たって，様々な資料を多面的に突き合わせて実証的な分析を心掛けたが，入手可能な情報に限界があることから，一部に事実誤認や分析の偏向が存在する可能性を否定できない。この点については，読者からご指摘をいただければまことに有難い。

　本書の執筆に当たって，私の勉強会「失敗に学ぶ経営塾」の主力メンバー

である早川一郎様・村田恒子様・加島弘敏様をはじめ，様々な方々からご協力やご支援を賜るとともに，様々な論文や記事を参考とさせていただいた。この場を借りて皆様に心から感謝を申し上げたい。最後に，本書を長女美里と長男芳晴に捧げる。父は微力であるが，君達のためにより良い未来を創ろうと努力している。

平成 30 年 10 月

樋口晴彦

目　次

はじめに

第1章　DeNA の企業分析 …………………… 1

■ 1　DeNA の事業展開　1
1.1　ゲーム事業の成功　1
1.2　ゲーム事業の業績低下　3
1.3　各種事業の立ち上げと失敗　4
1.4　海外事業の巨額損失　6

■ 2　過去の不祥事　10
2.1　独占禁止法違反事件　11
　2.1.1　公正取引委員会の認定　11
　2.1.2　DeNA の対応　13
2.2　景品表示法違反（コンプガチャ）事件　14
　2.2.1　消費者庁の認定　14
　2.2.2　DeNA の対応　15

■ 3　本章のまとめ　17

第2章　著作権侵害事件の概要 …………………… 19

■ 1　事業の始動　20
1.1　新規事業を渇望する経営陣　20
1.2　iemo・MERY の買収　20

- 1.3 事業リスクの検討状況　22
  - 1.3.1 法務DDの指摘　22
  - 1.3.2 プラットフォーム型の放棄　24
  - 1.3.3 戦略投資推進室員の指摘　24
- 1.4 村田氏の登用　25

■ 2 事業の展開　26
- 2.1 事業部門の体制　27
- 2.2 新規サイトの立ち上げ状況　27
- 2.3 事業方針　28
  - 2.3.1 SEOに基づく記事の量産　29
  - 2.3.2 クラウドワーカーの活用　30

■ 3 事業の拡大と将来性に対する疑問　31

■ 4 不祥事の発覚と事業の断念　34

■ 5 関係法令と違反状況　35
- 5.1 テキスト関係の違反状況　37
- 5.2 画像関係の違反状況　40
- 5.3 薬機・医療法規の違反状況　41

■ 6 本章のまとめ　41

第3章　著作権侵害問題への対応状況　43

■ 1 iemo　43
- 1.1 テキストのチェック状況　44
- 1.2 画像のチェック状況　46
- 1.3 薬機・医療関係記事のチェック状況　46

■ 2 MERY　47
- 2.1 テキストのチェック状況　49
- 2.2 画像のチェック状況　49

■ 3 WELQ　51

3.1　テキストのチェック状況　52
3.2　画像のチェック状況　55
3.3　薬機・医療関係記事のチェック状況　55
3.4　薬機・医療関係の問題記事　57
3.5　その他の問題記事　58

■ 4 SEO 重視方針に対する各サイトの反応　59

■ 5 チェック体制の問題点　60

5.1　方針の不在　61
5.2　コピペ対策のばらつき　62
5.3　ブラックリスト方式の採用　63
5.4　コピペを助長するマニュアル　63
5.5　編集担当者の不足と外部編集ディレクターへの依存　65
5.6　関係者の教育不足　66
5.7　専門家による監修の未実施　67
5.8　事業推進部の職務懈怠　67

■ 6 本章のまとめ　68

【参考　その他のサイトの運営状況】　70

1　CAFY　70
　1.1　テキストのチェック状況　70
　1.2　画像のチェック状況　71
　1.3　要監修記事のチェック状況　71

2　Find Travel　71
　2.1　テキストのチェック状況　72
　2.2　画像のチェック状況　72

3　JOOY　73
　3.1　テキストのチェック状況　73
　3.2　画像のチェック状況　73
　3.3　薬機・医療関係記事のチェック状況　74

4　cuta　74
　4.1　テキストのチェック状況　75
　4.2　画像のチェック状況　75

4.3　薬機・医療関係記事のチェック状況　75
　5　GOIN　76
　　　5.1　テキストのチェック状況　76
　　　5.2　画像のチェック状況　77
　6　UpIn　77
　　　6.1　テキストのチェック状況　78
　　　6.2　画像のチェック状況　79
　　　6.3　要監修記事のチェック状況　79
　7　PUUL　79
　　　7.1　テキストのチェック状況　80
　　　7.2　画像のチェック状況　80

第4章　事件の原因構造　83

■ **1　経営者の問題点**　83
　1.1　業績悪化による焦燥　83
　1.2　コピペを誘発した事業方針　86
　1.3　成長優先・数値偏重の経営姿勢　89
　　　1.3.1　O（オポチュニティ）企業としてのDeNA　89
　　　1.3.2　永久ベンチャーという自己正当化　92
　1.4　業界内常識に染まった人物の登用　93
　1.5　リスク管理の軽視　96
　　　1.5.1　守安氏の問題点　96
　　　1.5.2　南場氏の問題点　100
　　　1.5.3　春田氏の退職　102
　1.6　企業統治の不在　103
　　　1.6.1　南場氏の過度の思い入れ　103
　　　1.6.2　社外役員の機能不全　105
　1.7　小括　108

■ **2　リスク管理部門の機能不全**　110
　2.1　法務部　111
　　　2.1.1　著作権侵害リスクへの対応　112

2.1.2 記事監修への対応　113
2.1.3 法務部の姿勢　114
2.2 戦略投資推進室　116
2.3 内部監査室　117
2.4 コーポレート企画部　118
2.5 小括　119

■ 3 事件の原因メカニズム　120

■ 4 再発防止対策とその評価　121
4.1 主な再発防止対策　122
4.2 実効性の評価　123

■ 5 本章のまとめ　126

第5章 ベンチャー企業の経営変革に関する考察　129

■ 1 ベンチャー企業の定義　129

■ 2 起業家の特性と限界　132
2.1 起業家の定義と特性　133
2.2 起業家の限界　135

■ 3 企業規模の拡大と経営方式の変革　138
3.1 ベンチャー企業の成長過程　138
3.2 大企業病と再ベンチャー化　139
3.3 経営方式の変革　141
3.4 ベンチャー経営の変革困難性のリスク　144

■ 4 補佐役の起用　145
4.1 補佐役の役割と定義　145
4.2 補佐役の実例　147
4.3 経営者との特別な信頼関係　149
4.4 DeNAの補佐役　151

  4.5　小括　　152
■ 5　企業統治の構築　　153
  5.1　ワンマン経営と企業統治　　153
  5.2　ファーストリテイリングの企業統治　　155
  5.3　ソフトバンクの企業統治　　157
  5.4　小括　　159
■ 6　チーム経営への移行　　160
  6.1　チーム経営の障害となる起業家　　160
  6.2　ファーストリテイリングの試み　　162
  6.3　小括　　163
■ 7　後継者の選任　　164
  7.1　後継者に不満を抱く起業家　　164
  7.2　ファーストリテイリングの後継者問題　　165
  7.3　ソフトバンクの後継者問題　　167
    7.3.1　ソフトバンクアカデミアの設立　　167
    7.3.2　アローラ氏の後継者指名と突然の退職　　169
    7.3.3　後継者問題に対する孫氏の責任　　171
  7.4　小括　　172
■ 8　提携企業の留意点　　173
■ 9　本章のまとめ　　174

おわりに

参考文献

第1章 DeNA の企業分析

　本章では，著作権侵害事件[1]を分析する前提として，DeNA という企業に対する理解を深めるために，同社の創業以来の事業展開を総覧し，ゲーム事業の華々しい成功と近年における業績低下，その他の事業の立ち上げと失敗の状況，特に大規模投資を実施した海外事業の失敗について説明する。さらに，過去の2件の組織不祥事（独占禁止法違反事件及び景品表示法違反事件）の際に，同社がどのように対応したかについて検証する。

■ 1 DeNA の事業展開

　DeNA はゲーム事業で大きな成功を収めたが，同事業の情勢が変化したことにより，2014年3月期から業績が下降した。その他にも様々な IT 事業を手掛けたが，失敗に終わったものが多く，ゲーム事業に依存する構造から脱却できないでいる。また，中国・米国市場の開拓のために巨額の投資を実施したが，そのほとんどを減損処理するに至った。

1.1 ゲーム事業の成功

　マッキンゼー・アンド・カンパニーのコンサルタントであった南場智子氏

---

[1] 本書では，著作権法違反を「著作権侵害」と呼称する。また，著作権侵害の線引きは必ずしも明確でない上に，関係者の利用許諾の有無を確認していないなど事実関係が明白でないケースも少なくないことから，著作権侵害の疑いがある事案を含めて「著作権侵害問題」と総称する。なお，DeNA による問題行為の中には，著作権法以外の諸法令に違反する疑いがあるケースも含まれるが，著作権侵害問題が特にクローズアップされたことを踏まえ，本書では「著作権侵害事件」と総称する。

表1-1 モバゲー会員数の推移

2006年3月期	2007年3月期	2008年3月期	2009年3月期	2010年3月期	2011年3月期	2012年3月期
21万人	441万人	987万人	1344万人	1813万人	2714万人	3998万人

(DeNA公表資料に基づき筆者作成)

表1-2 DeNAの経営成績 (単位:％表示以外は百万円)

		2010年3月期	2011年3月期	2012年3月期	2013年3月期	2014年3月期	2015年3月期	2016年3月期	2017年3月期
売上高		48,105	112,728	145,729	202,467	181,313	142,419	143,709	143,806
うち	ゲーム事業	32,758	97,193	130,499	179,627	155,871	115,511	109,640	101,427
	EC事業	13,463	13,587	12,830	14,024	18,773	18,655	19,891	19,167
	その他	1,883	1,948	2,399	8,816	6,708	8,252	15,634	24,200
ゲーム事業の比率		68.1%	86.2%	89.5%	88.7%	86.0%	81.1%	76.3%	70.5%
営業利益		21,265	56,096	63,415	76,840	53,198	24,764	19,816	23,178
うち	ゲーム事業	18,490	53,734	62,447	78,106	57,122	30,508	25,900	28,262
	EC事業	4,435	4,788	4,950	4,683	3,799	3,017	2,643	2,064
	その他	▲283	62	390	▲1,171	▲1,925	▲2,555	▲5,709	▲4,062
ゲーム事業の比率		87.0%	95.8%	98.5%	101.6%	107.4%	123.2%	130.7%	121.9%
当期純利益		11,371	31,603	34,485	45,581	31,661	14,950	11,325	30,826

※2013年3月期からIFRS基準となり、「売上高」には売上収益、事業別の「営業利益」にはセグメント利益、「当期純利益」には親会社所有者帰属の当期利益をそれぞれ記載した。
※各種サービスの事業領域の割り振りには、年度によって若干の入れ替えがある。

(DeNA公表資料に基づき筆者作成)

が中心となって、1999年3月にDeNAを設立した。その社名は「DNA」にeコマースの"e"を挟んだものであり、当初は電子商取引に主眼を置いていた。最初に手掛けた事業はWeb用オークションサイト「ビッダーズ」で、次いでショッピングモール事業に進出した。2004年3月期に売上高1,563百万円、経常利益227百万円と黒字化に成功したが、オークション事業では「ヤフオク」、ショッピングモール事業では「楽天市場」の後塵を拝していた。

同社の転機となったのは、2004年3月にサービスを開始した携帯電話用オークションサイト「モバオク」の躍進であった[2]。2005年3月期の業績は売上高

---

2 「私たちは試行錯誤を続け、何度か事業の基軸をずらしつつ、成長を模索する。携帯電話向けのオークションサイト「モバオク」によりモバイル事業の展開を本格化した2004年からが、

2,870百万円，経常利益443百万円と倍増し，2005年2月にはマザーズ市場への上場を果たした。以後，DeNAはモバイル事業に経営資源を重点的に投入し，その中でも2006年2月にサービスを開始した「モバゲータウン」が急成長（表1-1参照）したことにより，2008年3月に東証第1部に市場変更した。

　2009年にはソーシャルゲーム[3]事業を立ち上げ，同10月にサービスを開始したソーシャルゲーム「怪盗ロワイヤル」が大ヒットした。翌2010年には，多様なユーザーに対応するために，内製ゲームだけでなく第三者が開発したゲームを「モバゲータウン」で展開できるようにするオープン化を実施した。DeNAの業績は，2013年3月期には売上高2025億円，営業利益768億円に達した（表1-2参照）。

1.2　ゲーム事業の業績低下

　主力のゲーム事業が不振に陥ったことで，DeNAの業績は2014年3月期から下降した。ゲーム事業の売上高は2013年3月期の1796億円から2017年3月期には1014億円と43.5%も減少，営業利益も781億円から282億円と63.9%の減少となった。

　従来のソーシャルゲームはブラウザゲーム[4]が中心であったが，スマートフォン（以下，「スマホ」と略す）の普及によりアプリゲームへと趨勢が移り，既存のブラウザゲームの利用が減少したことが原因である。DeNAはアプリゲームで新規タイトルの投入を進めたが，売上の低下をくい止めるには至らなかった。さらに2015年以降は，スマホゲーム市場が伸び悩む一方で，新規参入が相次いでゲームタイトルの供給が過剰となったため，業界全般の業績が悪化している[5]。

　　DeNAの発展期だろう」（南場（2013），2頁）。
　　「（「モバオク」により，）オークションというサービスをPCとモバイルの両方で展開した我々は，モバイルユーザーの特性を実感値でつかむことができた。（中略）単にインターネットサービスの一端末としてモバイルを位置づけるのではなく，特化したサービスを展開することの重要性を我々に強烈にすり込み，同時に新しい巨大市場の可能性を示唆したのだった」（前同102-103頁）。
3　「ゲーム内で，ユーザ同士が競い合ったり，協力したり，情報交換をしながら一緒に遊べる，交流機能を持つゲーム」（2010年3月期有価証券報告書9頁）。
4　ゲームソフトをダウンロードせずに，Webブラウザで遊ぶゲーム。
5　「新規参入が続き，多くのゲームが作られる環境は変わらないのに，市場拡大はスローダウン。新作を出してもすぐ埋もれてしまうのが今の状況だ。多くの企業が供給過多の中で収益の下振

表 1-3 その他の事業の内訳　　　　　　　　　（単位：百万円）

		2016年3月期	2017年3月期
スポーツ事業	売上高	9,892	13,761
	営業利益	▲1,003	1,087
		2016年3月期	2017年3月期
新規事業	売上高	5,742	10,439
	営業利益	▲4,706	▲5,149

（DeNA 公表資料に基づき筆者作成）

　このゲーム事業の落ち込みを他の事業分野でカバーすることも出来なかった。EC（電子商取引）事業では，2010年3月期から売上高・営業利益ともに成長が鈍化していた。2014年3月期にEC事業の売上高が急増したように見えるのは，事業区分を変更して，これまで「その他」に分類されていた旅行代理店事業をEC事業に組み替えたためである。それ以後は，景気の好転にもかかわらず，EC事業の売上高は停滞し，営業利益も急減していた。

　その他の事業では，2011年12月に横浜ベイスターズの株式（66.9％）を65億円で買収した関係で，2013年3月期に売上高が急増した。2014年3月期の売上高の減少は，前述のとおり旅行代理店事業をEC事業に組み替えたことによる。スポーツ事業単独では売上が順調に伸びて2017年3月期には黒字化したが，それ以外の新規事業では，2016年3月期から売上が急成長する一方で，大幅な赤字が続いていた（表1-3参照）。

　ちなみに，2015年3月時点で南場氏は，「（DeNAの）利益が700億800億っていうレベルから，今300億切るところまで下がっているので，我が社の場合は正直経営的に楽ではないんですね」[6]と証言している。

1.3　各種事業の立ち上げと失敗

　DeNAは，ゲーム事業の他にも様々なIT事業を手掛けたが，以下に示す

れに悩んでいる。さらに，スマホの高性能化やユーザーの要求水準の高まりで，開発コストは増大。巨額の販促費・広告宣伝費を使わなければダウンロード数が稼げなくなったことも相まって，メーカー側の負担は重くなっている」（日経ビジネス2018年3月5日号記事「市場飽和襲う「三重苦」成功モデル頼みに限界」55頁）

6　ログミー2015年3月10日記事「「見えてない世界があった」DeNA 南場氏，メルカリが伸びる前に似た案を否定していたことを悔やむ」〈https://logmi.jp/business/articles/44010〉

とおり，その多くはサービス終了又は提携先への譲渡という結末に終わり，ゲーム事業に依存する構造を変えることができなかった。

- 「ビッダーズ」（後に「DeNA ショッピング」）　Web 用オークション・ショッピングサイト
  1999 年 11 月開始→ 2014 年 3 月オークションサービス終了，2016 年 12 月 KDDI に譲渡
- 「モバオク」　携帯電話用オークションサイト
  2004 年 3 月開始→ 2012 年 3 月期から有料会員数が減少[7]
- 「ポケットアフィリエイト」　携帯電話用広告配信ネットワーク
  2004 年 7 月開始→ 2013 年 5 月サービス終了
- 「モバコレ」　携帯電話用ファッション系ショッピングサイト
  2006 年 2 月開始→ 2010 年 11 月提携先の千趣会に譲渡
- 「モバペイ」（子会社名「ペイジェント」）　決済エスクローサービス[8]
  2006 年 8 月開始（継続中）
- 「エアーリンク」（現在の名称は「DeNA トラベル」）　旅行代理店
  2006 年 7 月買収→業績低迷により 2009 年 3 月期に 6 億円の減損，2010 年 3 月期には 11 億円の増資（DeNA が 100％引き受け）
- 「ネッシー」（名称は「DeNA BtoB market」）　B to B の仕入れマーケット
  2006 年 11 月開始→ 2015 年 5 月オークファンに譲渡
- 「comm」　無料通話アプリ
  2012 年 10 月開始→ 2015 年 4 月サービス終了
- 「Groovy」　スマホ向け音楽サービス
  2013 年 3 月開始→ 2014 年 3 月サービス終了
- 「SHOWROOM」　仮想ライブ空間
  2013 年 11 月開始（継続中）
- 「MYCODE」（子会社名「DeNA ライフサイエンス」）　一般向け遺伝子

7　「モバオク」の有料会員数は，2011 年 3 月期の 128 万人から 2014 年 3 月期には 96 万人に減少した（その後は，DeNA が会員数を開示していない）。
8　オークション取引で，落札者・出品者間の代金の受け渡しを仲介する業務。

検査サービス

　　　2014年8月開始（継続中）

1.4 海外事業の巨額損失

　DeNA は，中国・米国市場の開拓のために巨額の投資を実施した。中国では，2006年7月に100％出資子会社「北京得那網絡科技有限公司」を設立し，2007年2月に携帯電話用 SNS サイト「加加城」を開始した。米国では，2008年1月に100％出資子会社 DeNA Global を設立し，同9月には英語圏向けのモバイル SNS サービス「MobaMingle」を開始した。

　DeNA Global については，2009年5月に6百万ドルの増資（DeNA が100％引き受け）を実施したにもかかわらず，2010年3月期には事業低迷を理由として593百万円の減損を計上した[9]。中国事業でも，同じく2010年3月期に189百万円の減損を計上した。かくして自力での事業立ち上げに失敗したことを受けて，DeNA では M&A による事業拡大に方針を転換した[10]。2011年3月期有価証券報告書には，「当面の中核事業として，ソーシャルゲームプラットフォームの事業領域においてグローバル No.1 のポジションを確立することを目指しており，海外での事業展開と強化に経営資源を積極的に活用しております」（同19頁）との説明があることから，海外での事業展開をむしろ加速した模様である。

　米国では，2010年11月に DeNA Global を通じて，スマホ向けソーシャルゲームアプリの開発・提供を事業とする ngmoco を買収した。同社が運営するゲームコミュニティプラットフォーム「plus＋」を獲得して，米国内のスマホ向けサービスを強化する狙いであった。買収総額は325百万ドルであり，313百万ドルののれんが発生した[11]。2011年3月期決算では，個別財務

---

[9] 減損実施後の DeNA Global の株式価値は327百万円であり，累計で920百万円を出資していたことになる。

[10] 「中国市場は2006年から，北米市場は2008年から取り組んでいるが，はじめは自力で拠点を設け，自力でサービスを開発して普及を試みていた。しかし，芳しい成果があがらず，現地の優秀なチームを取り込む買収戦略に切り替えることとなった」（南場（2013），160頁）。

[11] この買収について南場氏は，「（ngmoco は，）DeNA が必要とするものをすべて持ち合わせる魅力的な企業だ。買収交渉は私（筆者注：南場氏）自身が牽引し，フェイスブック向けゲーム開発で躍進していた米国 Zynga（ジンガ）との争奪戦を制して獲得に成功した。買収に合意してすぐに東京で戦略会議を開催し，双方の経営陣で徹底的に議論を尽くした。そして，エナジー

諸表の DeNA Global の株式価値が 26,476 百万円（その子会社の ngmoco を含む）に膨張した。

中国事業では，2009 年 8 月に英領ケイマン諸島籍の WAPTX（中国でモバイル SNS サービス「天下網」を展開）を買収した。2010 年 3 月期の WAPTX の株式価値は 768 百万円であったが，早くも 2011 年 3 月期には 555 百万円の関係会社株式評価損を計上している。

2011 年 3 月に DeNA は「モバゲータウン」の名称を「Mobage」と世界的に統一し，2011 年 7 月にはグローバル（英語）版・中国語版「Mobage」を開始した。

2012 年 3 月期には，個別財務諸表の DeNA Global の株式価値が 37,593 百万円（前年度より 11,117 百万円増），WAPTX が同 1,694 百万円（同 1,482 百万円増）に増加した。さらに同年度には，韓国で 779 百万円を出資して現地法人の DeNA Seoul を設立するとともに，ベトナムやチリなどのゲーム開発会社を買収した（買収金額約 20 億円と推定）。のれん償却分（約 25 億円と推定）と合計すると，同年度に DeNA は約 180 億円を海外事業に投資したと推定される。

2013 年 3 月期には，個別財務諸表の DeNA Global の株式価値が 40,094 百万円（前年度より 2,501 百万円増）に漸増した。しかし WAPTX については，2012 年 8 月に 942 百万円の増資を実施したにもかかわらず，株式価値が 865 百万円（同 829 百万円減）に半減した。同年度の関係会社株式評価損 1,770 百万円は WAPTX 関係である。なお，IFRS の導入により，同年度から DeNA ではのれんの償却を停止している。

2014 年 3 月期に DeNA は，DeNA Global について 14 百万ドルの増資を引き受けた。同年度から DeNA の有価証券報告書は個々の関係会社の株式価値を開示することを止めたが，海外事業の相次ぐ失敗を隠蔽する意図であった可能性がある。

2015 年 3 月期には，DeNA Global を通じて ngmoco に対して 83 百万ドルの出資を行った模様であり（有価証券報告書に記載なし），DeNA Global に

モコをわが社の国際戦略の中核とする構想をつくり，2010 年 12 月のフォーラムで SAP 関係者 1000 人を前に大々的に発表（した）」（南場（2013），160 頁。傍点筆者）と説明している。

表1-4 DeNA Global の経営成績　　　　　　　　（単位：千米ドル）

	2013年12月期	2014年12月期	2015年12月期
総資産	422,137	402,179	69,845
純資産	333,351	292,449	▲ 5,102
売上高	127,836	71,973	60,757
営業利益	▲ 41,704	▲ 37,278	▲ 30,501

（DeNA 2016年10月18日公表資料より）

対する出資額は602百万ドルに膨張した。その一方で、個別財務諸表ではDeNA Global 等について551億円の関係会社株式評価損を計上しており、これまでの出資の全額に近い減損処理を行っている。

表1-4が示すように、DeNA Global は、少なくとも2013年12月期以降、売上高の急減により巨額の営業赤字が続いており、2015年12月期には債務超過に陥っていた[12]。2015年度12月期に同社の純資産が営業損失の他に267百万ドルも減少したのは、ngmoco ののれんについて多額の減損損失を計上したためと推察される。

以上のとおり、DeNA Global（その子会社 ngmoco を含む）の業績悪化を受けて、2015年3月期の個別財務諸表では巨額の評価損を計上したが、連結決算では当該子会社ののれんに関する減損損失を計上していない。その理由として、「当社では、ソーシャルメディア事業（ゲーム事業を含む）については、展開地域を跨いだ事業全体を単一の資金生成単位としております。当期において、当該資金生成単位に含まれる資産簿価に対して、回収可能評価額との比較を行いました結果、ソーシャルメディア事業全体の見積り公正価値が帳簿価格を上回った」と説明した[13]。

2016年3月期には、個別財務諸表で21億円の子会社株式評価損を計上した。その対象となった子会社について、同期の有価証券報告書は「WAPTX等」としており、中国事業も相変わらず不振であることがうかがえる。

2016年10月、「期待する水準のヒットタイトルの創出には至らなかった」

12　DeNA 2016年10月18日発表資料「海外子会社の解散及び清算に関するお知らせ」
13　DeNA 2015年5月12日発表資料「当社単体決算における海外子会社に関する子会社株式評価損の計上並びに当社連結決算における減損損失の不認識及びその理由に関するお知らせ」

として，2017年3月期中にDeNA Global及びngmocoを解散して清算すると発表した。ただし，2015年3月期と同様に，「DeNA Global, Inc.等の解散に際し，連結決算（国際会計基準）において，ngmoco, LLC等の取得に係るのれんに関する減損損失は認識しない見通しです。当社では，展開地域を跨いだゲーム事業全体を単一の資金生成単位としておりますが，現状，当該資金生成単位に含まれる資産簿価に対して，ゲーム事業全体の見積り公正価値が帳簿価格を上回っているためであります」として，のれんの減損損失を計上しなかった[14]。

以上のとおり，DeNAがこれまで米国で推進してきた事業は完全に失敗し，中国事業（WAPTX）も見通しは非常に暗いと言わざるを得ない。2017年3月期の連結決算では，468億円ののれんのうちゲーム事業関連は399億円に達し，そのほとんどが米国及び中国での事業に由来する。もしもゲーム事業の会計を国外と国内で分離していたとすれば，のれんの巨額減損が当然に必要とされ，DeNAの利益剰余金は約300億円も減じたであろう。

なお，DeNAの個別財務諸表では，2016年3月期と2017年3月期に，「販売費及び一般管理費」及び「営業外費用」の貸倒引当金繰入額をあわせて155億円も計上している（表1-5参照）。その間に関係会社長期貸付金が161億円に膨張していることと考え合わせると，貸付金のほぼ全額を貸倒れ

表1-5 貸付金・貸倒引当金の推移 （単位：百万円）

		2013年3月期	2014年3月期	2015年3月期	2016年3月期	2017年3月期
〈流動資産〉	関係会社短期貸付金	1,963	1,289	3,477	2,045	850
	貸倒引当金	▲18	▲23	▲12	▲4,074	▲6,414
〈固定資産〉	関係会社長期貸付金	108	110	1,876	12,657	16,158
	貸倒引当金	▲133	▲133	▲130	▲5,188	▲9,171
〈販売費及び一般管理費〉	貸倒引当金繰入額	▲33	5	10	3,866	2,341
〈営業外費用〉	貸倒引当金繰入額	0	200	0	5,178	4,112

（DeNA公表資料に基づき筆者作成）

---

14 DeNA 2016年10月18日発表資料「海外子会社の解散及び清算に関するお知らせ」

としたことになる。時期的にDeNA Globalに関係したものと見られるが，DeNA側は貸付先を開示していない。

　以上のとおり，DeNAは海外事業に多額の投資を行い，のれんの減損損失と貸倒損失を合わせて，おそらく500億円近い損失が発生したと推察されるが，それに関する情報の開示は非常に乏しい。DeNAの会計処理が適切かどうかについては情報不足のため判断を保留するが，投資家の立場からすれば，同社の情報開示の姿勢には問題があると言わざるを得ない。さらに言えば，米国事業の責任者は現取締役の南場氏及び守安功氏であった[15]が，彼らの経営責任の追及がなされた形跡が特段見当たらないことも不可解である。

2　過去の不祥事

　DeNAでは，過去に2件の組織不祥事（独占禁止法違反事件・景品表示法違反事件）が発生していた。いずれも業績を上げることを目的に行われたものであって，事件自体が悪質であるだけでなく，事件発覚時のDeNAの対応もコンプライアンス及びCSR（企業の社会的責任）の観点から不適切と言わざるを得ないものであった。

　なお，モバゲーのコミュニティ機能が援助交際に悪用された件[16]については，組織不祥事の定義「組織に重大な不利益をもたらす可能性がある業務上の事件又は事故であって，①その発生が予見可能であったこと，②適当な防止対策（被害軽減対策を含む）が存在したこと，③当該組織による注意義務の違反が重要な原因となったことの3要件を満たすもの」（樋口（2012），

15　南場氏は2008年1月から2011年7月まで，それ以降は守安氏がDeNA Globalの取締役会長を務めていた。

16　モバゲーは，「ゲームに加え，日記，掲示板，サークル，アバター等のコミュニティ機能が好評」（2006年3月期有価証券報告書10頁）のため急成長したが，ユーザーの中心は中高生であったところ，このコミュニティ機能を悪用した援助交際問題が続発した。2009年にコミュニティサイトを利用した犯罪（児童福祉法違反，青少年保護育成条例違反，児童買春・児童ポルノ法違反等）の検挙数は1,347件，被害児童数は1,136人とされ，出会い系サイト関連の検挙数1,203件，被害児童数453人を上回っている（警察庁発表資料「平成21年中のいわゆる出会い系サイトに関係した事件の検挙状況について」)。これに対してDeNAでは,以下の対策を実施した。
・社長を委員長とする「健全コミュニティー促進委員会」を設置
・規約に違反したユーザーに対して改善要請や退会等の措置を実施
・モニタリングシステムの強化やサイトパトロールの増強など監視体制の強化（2008年4月に400人規模の「新潟カスタマーサポートセンター」を開設）

22-23頁）のうち、③のDeNAによる注意義務違反が明確でないと判断したことから、本書では組織不祥事としては取り扱わない。

2.1 独占禁止法違反事件

DeNAは、ゲーム事業でモバゲーと競合するGREEを運営するグリー社に対し、独占禁止法第19条違反となる「不公正な取引方法」（公正取引委員会告示）の第14項（競争者に対する取引妨害）[17]に該当する行為を行っていたとして、2011年6月に同法第20条に基づく排除措置命令を受けた。当時、グリー社は、表1-6が示すようにDeNAを上回る急成長を遂げていた[18]。

2.1.1 公正取引委員会の認定

公正取引委員会資料「株式会社ディー・エヌ・エーに対する排除措置命令について」（2011年6月9日）によれば、違反行為の概要は、「特定ソーシャルゲーム提供事業者に対し、GREEを通じてソーシャルゲームを提供した場合に当該特定ソーシャルゲーム提供事業者がモバゲータウンを通じて提供するソーシャルゲームのリンクをモバゲータウンのウェブサイトに掲載しないようにすることにより、GREEを通じてソーシャルゲームを提供しないようにさせていた」とされる。分かりやすく言えば、「GREEにゲームを提供する事業者はモバゲーから排除する」と圧力をかけて、GREEとの取引を止めさせようとしたのである。

公正取引委員会審決集（58-1）の「(株)ディー・エヌ・エーに対する件」

表1-6 DeNAとグリー社の売上比較　　　　　　　　　　　　　　　　　（単位：百万円）

	2008年3月期	2009年3月期	2010年3月期	2011年3月期	2012年3月期
DeNA	29,736	37,607	48,105	112,728	145,729
	2008年6月期	2009年6月期	2010年6月期	2011年6月期	2012年6月期
グリー社	2,937	13,945	35,231	64,178	158,231

（DeNA及びグリー社の公表資料に基づき筆者作成）

17　「自己又は自己が株主若しくは役員である会社と国内において競争関係にある他の事業者とその取引の相手方との取引について、契約の成立の阻止、契約の不履行の誘引その他いかなる方法をもつてするかを問わず、その取引を不当に妨害すること」。

18　「GREE」の会員数は、2009年4月に1000万人、2010年6月には2000万人に達した。さらにグリー社は、2008年12月にマザーズに上場し、2010年6月には東証第1部に市場変更している。

は以下のとおり認定しており，この妨害行為が組織的に実行され，グリー社及び多数のソーシャルゲーム提供事業者に実害を与えたことは明白である（同191頁）。

- 「(DeNAの)要請を受けた特定ソーシャルゲーム提供事業者の少なくとも過半は，第二次リリース以降，ディー・エヌ・エーが許可したソーシャルゲームを除き，GREEを通じて新たにソーシャルゲームを提供することはしなかった。その中には，GREEを通じて新たにソーシャルゲームを提供するためにソーシャルゲームを開発していたところ，自社のソーシャルゲームのリンクがモバゲータウンのウェブサイトに掲載されなくなることを避けるため，GREEを通じて新たにソーシャルゲームを提供することを断念した特定ソーシャルゲーム提供事業者もいた」。
- 「(DeNAの)要請に反してGREEを通じて新たにソーシャルゲームを提供している特定ソーシャルゲーム提供事業者を発見した場合には，当該特定ソーシャルゲーム提供事業者がモバゲータウンを通じて提供しているソーシャルゲームのリンクを，モバゲータウンのウェブサイトにおける「イチオシゲーム」，「新着ゲーム」，「カテゴリ検索」等に掲載しない措置を採っており，当該措置を受けてGREEを通じて当該ソーシャルゲームを提供することを中止した者については，当該措置を取りやめていた」。
- 「(グリー社は，DeNAの)要請を受けた特定ソーシャルゲーム提供事業者の少なくとも過半について，GREEを通じて新たにソーシャルゲームを提供させることが困難となっていた」。

DeNAに下された排除措置命令の要旨は，①当該妨害行為を現時点で行っていない旨を確認すること及び今後も行わないことをDeNAの取締役会で決議すること，②この取締役会決議に基づき実施した措置をソーシャルゲーム提供事業者及びグリー社に通知し，さらにDeNA従業員に周知徹底すること，③DeNAは，今後，他の競合事業者に対しても当該妨害行為を行わないこと，④ソーシャルゲーム提供事業者との取引における独占禁止法の遵守に関する行動指針の整備，DeNA役員及び従業員に対する定期的な研修及び法務担当者による定期監査の実施，の4件であった。

2.1.2 DeNA の対応

　同事件に関して春田真氏（当時は常務取締役・CFO）は，「個人的な反省としては，現場で誰がどこまで何を言っているかまで把握していなかったこと。（公正取引委員会の）立ち入り検査の前に，僕は『やり過ぎると，お前，公取委に入られるで』という話は社内でしていた」と述懐している[19]。DeNA の経営陣は，独占禁止法上問題となり得る行為が現場で進められていることをある程度まで承知していながら，所要の予防対策を取らずに放置していたと認められ，コンプライアンスの面で不適切と言わざるを得ない。

　ちなみに，問題の行為について春田氏は，「「これはしまったな」と思ったのは，会議の資料か何かに好ましくない表現があったのを（公正取引委員会側に）指摘されたときだった。それらは「囲い込み」とか「やっつける」などの文言で，あたかも法律に抵触するような行為を会社全体で進めているのではないかと連想されてもおかしくないものであった」（春田（2015），182頁）と述べ，社内資料の表現が少し過激であったが，法律違反の意図はなかったと弁明している。

　また，南場氏も，「公正取引委員会は独占禁止法違反の疑いを持って調査を開始しましたが，まず，当社に法令に違反する事実があったとは思っておりません」（南場（2013），154頁）と表明した上で，「半年後に公正取引委員会から，競争者に対する取引妨害という判断が下された。本結論が出る前に，対象となった行為は速やかに解消されていたため，命令は，疑義がかけられた行為を今はもう行っていないこと，また今後もそのような行為を行わないことを会社として確認せよ，という内容であった」（前同157頁）として，法律違反ではなく「疑義がかけられた行為」と説明している。

　しかし，前述のとおり DeNA 側が組織的に妨害行為を実施していたことは明白であり，それによりソーシャルゲーム提供事業者の過半がグリー社との取引を断念した事実も認定されていた。かくも悪質な事件にもかかわらず，DeNA 取締役の南場氏や春田氏が，あたかも妨害行為の実態が存在しなかったかのような弁解を自著で行ったことは，事件を矮小化して世間をミ

19　日経ビジネスオンライン 2015 年 4 月 16 日記事「プロ野球参入・公取委立ち入り，DeNA 春田氏が明かす舞台裏」〈https://business.nikkeibp.co.jp/article/opinion/20150415/279999/?ST=print〉

スリードするものであり，コンプライアンス上は勿論のこと，CSR の観点からも極めて不適切と言わざるを得ない。

2.2 景品表示法違反（コンプガチャ）事件

モバゲーの当初の収入源はアバター関連が中心であったが，2008 年にその伸びが止まった[20]。2009 年 5 月にゲーム事業の責任者に守安氏が就任すると，ゲーム上のアイテムに対する課金を収益の柱とするビジネスモデルに転換した[21]。そのアイテム課金の重要な手段が，プレイヤーにアイテムを有料で供給する，「ガチャ」[22] と呼ばれる仕組みであった[23]。

2012 年 5 月，消費者庁は，DeNA など主要なゲーム事業者が実施している「コンプガチャ」が景品表示法に違反すると認定し，その中止を要請した[24]。

2.2.1 消費者庁の認定

「コンプガチャ」とは，「コンプリート」と「ガチャ」の合成語であり，「ガチャ」によって特定の数種類のアイテムを「コンプリート」すると，希少なレアアイテムを入手できる仕組みである。「ガチャ」でどのアイテムを入手できるかは偶然に左右されるため，「コンプリート」するまでに「ガチャ」（1 回数百円）を多数回行わなければならない。このように射幸性が強い「コンプガチャ」を導入した結果，一部の消費者が高額の課金を請求さ

---

[20] 「2008 年初頭，売上の拡大がコツッと音を立てたように止まった。それまでのモバゲーの収益源は，アバターの着せ替えニーズだった。（中略）売上はヘビーユーザーに大きく偏り，盤石な構造とは到底いえないと経営陣全員が認識していた。それがある月，コツッと伸び止まった。来たな，と思った。この瞬間から 2 年弱にわたって，私たちはこの停滞に苦しむことになる」（南場（2013），131-132 頁）。

[21] 「アイテム課金型ゲーム等のゲーム関連売上に関しては，新規タイトルの拡充とともに，既存ゲームにおける購入アイテムの追加やゲーム内企画等の促進により，着実に成長してまいりました。今後は，アバター関連売上，広告関連売上以外の新たな主要な収益源に確立してまいりたいと考えております」（2009 年 3 月期有価証券報告書 11 頁）。

[22] 駄菓子屋の店頭などに置かれている玩具の自動販売機を「ガチャガチャ」「ガチャポン」と呼ぶことに因んだとされる。

[23] 「（ソーシャルゲームの中で）強力なモンスターを倒すには「レア（希少）」なカードが必要で，収集には時間がかかる。このため「ガチャ」という有料のくじが用意されている。1 回 300 円でくじを引くと，強力なレアカードが手に入るかもしれない」（PRESIDENT2011 年 10 月 31 日号記事「熱狂！ソーシャルゲーム「利益率 40％超」のカラクリ」118 頁）。

[24] 消費者庁発表資料「オンラインゲームの「コンプガチャ」と景品表示法の景品規制について」（2012 年 5 月 18 日）

れるトラブルが続出した[25]。

　消費者庁の「平成 24 年度　消費者政策の実施の状況」によれば，2012 年度のオンラインゲームに関する相談は，前年度の 3,505 件から 5,432 件に急増し，そのうち「ガチャ」関連は 936 件（前年度は 135 件）であった。さらに，「平均既支払額が，2011 年度は約 6 万円だったものの，2012 年度には約 13 万円と大幅に高額化しており，相談が深刻化していることがうかがえます」とした（同 97-98 頁）。

　2012 年 5 月に消費者庁は「コンプガチャ」が景品表示法に違反していると発表した。景品表示法第 4 条（景品類の制限及び禁止）に基づく公正取引委員会告示「懸賞による景品類の提供に関する事項の制限」第 5 項により禁止[26]されている「二以上の種類の文字，絵，符号等を表示した符票のうち，異なる種類の符票の特定の組合せを提示させる方法を用いた懸賞による景品類の提供」（カード合わせ）に「コンプガチャ」が該当すると判断したのである。

　DeNA を始めとするモバイルゲーム事業者は，コンプガチャの中止に追い込まれた。それによる影響については，「各社はコンプガチャの収益規模を開示していないが，市場では「売上高の 1～3 割を占めるのではないか」（国内証券）との見方もある。（中略）東京株式市場ではグリー，DeNA の株価がいずれも制限値幅の下限（ストップ安）まで下落した」[27]とされる。

2.2.2　DeNA の対応

　消費者庁の要請を受け，大手のゲーム企業の中では DeNA が最も早くコンプガチャを廃止する方針を明らかにしたとされる。しかし，そもそもガチャ関連の高額課金は，それ以前から社会問題化しており，例えば

25　「期間限定で次々開催されるイベントでは，特定のレアアイテムを集め，全てそろったら超レアアイテムと交換できるというような「コンプガチャ」が出てきます。その超レアアイテムを入手するとほぼ無敵となるため，その超レアアイテムを入手するために有料ガチャを行い続けることにより，あっという間に数万～数十万円の高額利用になってしまいます」（消費者庁「平成 24 年度　消費者政策の実施の状況」99 頁）。
26　禁止の理由として，「その方法自体に欺瞞性が強く，また，子ども向けの商品に用いられることが多く，子どもの射幸心をあおる度合いが著しく強いため」（前掲消費者庁発表資料（2012 年 5 月 18 日）3 頁）と説明されている。
27　日本経済新聞 2012 年 5 月 8 日朝刊記事「「コンプガチャ」違法の観測　グリー，DeNA の株価急落」

PRESIDENT2011年10月31日号には，記事「熱狂！ソーシャルゲーム「利益率40％超」のカラクリ」が掲載されている。ゲーム企業が高収益を挙げる一方で，利用者の1人当たり課金額は急激に膨張[28]しており，その背後には，中毒状態に陥ったヘビーユーザーをゲーム業界が食い物にするという醜い構図が存在した[29]。

DeNA側もそうした状況を把握しており，特に射幸性の強い「コンプガチャ」について当時取締役だった春田氏が，「いち早く「やりすぎは良くない」「長続きしない」と社内に警鐘を鳴らしていた」[30]とされる。言い換えれば，DeNA経営者は高額課金問題を認識していたにもかかわらず，消費者庁が景品表示法違反と発表するまでコンプガチャを続けていたのであり，コンプライアンス上は勿論のこと，CSRの観点からも極めて不適切と言わざるを得ない。

なお，コンプガチャの廃止後にゲーム業界では，安全・安心な利用環境を整備するための取組を開始したが，その一方で，コンプガチャに類似した，射幸心を煽る課金システムは継続されている[31]。その結果，「未成年の子どもが，「無断で親のクレジットカードを利用していたため多額の請求を受けた。」，「全て無料で遊んだつもりが利用料の請求を受けた。」など，未成年者が自覚のないまま多額の課金をされてしまう事例などの問題が依然として発生しています」（消費者庁「平成24年度　消費者政策の実施の状況」100頁）とのことである。

28　「(DeNA及びグリー社の)大手2社はいずれも会員数の増加を上回るペースで有料課金収入を増やしている。(中略)10年9～12月期と直近の期を比べたところ，(中略)モバゲーでは「モバコイン」と呼ばれる仮想通貨の消費額を会員数で割ると約5倍に達する」（PRESIDENT2011年10月31日号記事「熱狂！ソーシャルゲーム「利益率40％超」のカラクリ」118頁）

29　「「『いいゲーム』と言えるかどうかは，どれだけアイテムを買わせるかにかかっている」と話す（ゲーム開発会社の）男性は，「決め手は『ハイジン（廃人）課金者』に，いかに長く続けさせるかだ」と明かす。「ハイジン課金者」とは，月に数万円は使うユーザーを指す隠語。ゲームにのめり込む様子を揶揄してこう呼ぶという。「課金者が全体の1割を超えるのが目標。搾り取り過ぎるとユーザーが離れてしまうから，加減が大切だ」」（読売新聞2012年5月14日夕刊記事「コンプガチャ問題　「搾り取り　加減大切」」）。

30　日経ビジネスオンライン2015年4月20日記事「「私という人間は春田と2人で社長だった」DeNA南場氏の思い」〈https://business.nikkeibp.co.jp/article/opinion/20150417/280086/?ST=print〉

31　朝日新聞2012年5月18日朝刊記事「コンプガチャ，自粛したけれど　似た課金システム，今も存続」

■ 3 本章のまとめ

　DeNAは2006年から開始したゲーム事業によって躍進し，2013年3月期には売上高2025億円に達したが，その後はゲーム事業の不振により業績が下降し，2017年3月期には同1438億円まで落ち込んだ。同社では，ゲーム事業以外にも様々なIT事業を手掛けたが，その多くはサービス終了に追い込まれ，さらに高成長を期待していた米国及び中国の事業にも失敗し，巨額の減損が発生していた。その結果，ゲーム事業に大きく依存する構造から依然として脱却できないでいた。

　また，DeNAは，過去に2件の組織不祥事（独占禁止法違反事件・景品表示法違反事件）を起こしていた。いずれも業績を上げることを目的としたもので，事件自体が悪質であるだけでなく，事件当時のDeNAの対応もコンプライアンス及びCSRの観点から不適切と言わざるを得ず，組織として深刻な反省がなされたかどうか疑問である。

第2章 著作権侵害事件の概要

　DeNA は，主力のゲーム事業の業績が下降したことへの危機感から，新たな成長エンジンとしてキュレーション事業[1]に取り組み，2016年末までに10件のキュレーションサイトを展開した。しかし，ヘルスケア関連のキュレーションサイト WELQ に対し，根拠が不明確な医療情報を掲載しているなどの批判が高まり，2016年11月に同サイトを非公開とした。その後，他のサイトについても，外部の Web サイトからコピペ[2]して記事を作成するなどの著作権侵害問題が発覚したため，キュレーション事業からの撤退を余儀なくされた。

　本章では，キュレーション事業の立ち上げに至った経緯，事業リスクに関する社内の検討状況，事業展開の状況，SEO[3]に基づく記事量産とクラウドワーカーの活用を柱とする事業方針，事業拡大と不祥事発覚の状況などについて解説する。なお，以下における事実関係の認定は，主として DeNA が設置した第三者委員会の『調査報告書（キュレーション事業に関する件）』（以下，「第三者委員会報告書」とする）に依拠した。

1　「キュレーション」とは，「キュレーター」（博物館の学芸員）から派生した言葉であり，Web 上のコンテンツを特定のテーマや切り口で読みやすくまとめることである。
2　コピーとペースト（貼り付け）により元の情報を複製して，テキストを作成すること。
3　「SEO」(Search Engine Optimization) とは，Google などの検索システムのアルゴリズムを解析して，記事が表示される順位を上げることにより，トラフィック（アクセスするユーザー数）を増やすことである。「Google 検索等に代表される検索エンジンによる検索において，検索結果の上位に表示されやすいようにウェブサイトの内容を最適化することをいう。具体的には，ウェブサイトのタイトルを工夫する，話題の言葉を使うなどの方法のほか，他のウェブサイトとのリンクを増やすなどして，ウェブサイトの価値を高める方法等が採られる」（第三者委員会報告書6頁）。

■ 1 事業の始動

　当時のDeNAの経営状況，キュレーション事業立ち上げの契機となったiemo・MERYの買収，事業リスクに関する社内の検討状況，事業のキーパーソンの登用などの経緯は，以下のとおりである。

1.1 新規事業を渇望する経営陣

　前述（第1章1参照）のとおり，DeNAの経営はゲーム事業に大きく依存していたが，その業績には陰りが見えていた。「当時のDeNAの経営陣の間では，モバイルゲーム事業の収益は，ゲームのヒット作の有無に大きく左右されること，DeNAには，モバイルゲーム事業に続く収益の柱として見込める事業がなく，ブラウザゲームからスマートフォン専用アプリゲームへの転換にも乗り遅れていたことなどから，成長の鈍化に対する強い危機感が共有されていた。そのため，DeNAの経営陣の間には，モバイルゲーム事業に代わり，今後の収益の柱となる事業を見つけ出そうという思いが強くなっていった」（第三者委員会報告書50頁）とされる。

　2011年以降，資金力のあるDeNAに様々な事業案件が持ち込まれたが，当時は経営陣が投資に慎重であった上に，同種の事業を自ら立ち上げることも可能ではないかとの考えもあり，業務提携や出資には至らなかった。そうして見送った案件の中に，メルカリのように後日急成長を遂げたケースも散見されたことから，「守安氏は，新規事業への投資に関するそれまでの慎重な判断を後悔し，大胆かつ素早い決断が重要であると考えるようになった。（中略）自社で新規事業を立ち上げる取組だけでなく，新たな手段として，既にある程度成功を収めた会社を買収し，これを成長させることで，他社に先行して競争力を確保することが必要であるとの思いを強くしていった」（第三者委員会報告書51-52頁）とされる。

1.2 iemo・MERYの買収

　村田マリ氏（1978年生・早稲田大学第二文学部出身）は，2003年にサイバーエージェントを退社した後に起業家として活躍[4]し，2013年12月に住

宅関連のキュレーションサイト iemo を運営する iemo 社を設立した。2014年7月17日，福岡で開催されたベンチャー関係のイベントに参加した守安氏は，村田氏から「iemo の資金調達を検討している」との説明を受けた。

守安氏は，2013年にキュレーションサイト MERY を運営するペロリ社との業務提携を検討したことがあった。その時の結論は見送りとなったが，やがて MERY は1億件を超える月間 PV を集める人気サイトに成長した。そのため守安氏は，キュレーション事業にかねてから注目しており，早くも翌18日に iemo 社の買収について村田氏と話し合った。

守安氏は，「住」のサイト iemo の買収に合わせて，「衣」「食」の分野についてもキュレーション事業を横展開することを発案した。このうち「衣」（ファッション関係）のサイトとして，村田氏から MERY の買収を勧められたことで，ペロリ社を経営する中川綾太郎氏[5]（1988年生・早稲田大学商学部出身）にあらためて打診した[6]。

DeNA は，8月20日の取締役会で iemo 社の買収を決定し，9月18日に株式を100%取得した。ペロリ社については9月19日に買収を決定し，同30日に100%取得した[7]。第三者委員会報告書によれば，iemo 社の買収価格

---

[4] 村田氏は，ソーシャルゲーム事業と恋愛情報サイト事業を自ら立ち上げ，2012年に売却した経歴を有していた。
[5] 中川氏は2012年8月にペロリ社を設立した。2016年2月に雑誌「Forbes」は，同氏を「アジアを代表する30歳未満の重要人物」の1人に選出している。
[6] ペロリ社買収の契機について村田氏は，「（守安氏から）住宅以外のジャンルに横展開できるかを聞かれ，「女性向けファッションは絶対にできない」と答えた。なぜなら MERY が強すぎて，今から追いかけるのは辛いから。もし可能なら MERY と同時に買収していただくと相乗効果がでていいと思いますと話した」と説明している（東洋経済オンライン2015年1月24日記事「DeNA，「ベンチャー2社同時買収」の果実」〈https://toyokeizai.net/articles/print/58728〉）。
[7] 村田氏は，iemo の売却理由について「ディー・エヌ・エーは資金面と人材面の提案がすごく良かった」「優秀なエンジニアは，給料も良くない上にいつ飛ぶかもわからないベンチャーになんて，わざわざ来ないじゃないですか。だから我々はいつも採用に苦戦していたんです。そこを，ディー・エヌ・エーが出向者で補ってくれるのは魅力でした」と説明している（News Picks 2014年10月2日記事「iemo 創業者村田マリ　私が，DeNA に「iemo」を売った理由」〈https://newspicks.com/news/640478/〉）。
同じく中川氏は，「守安氏から，DeNA がペロリ社を買収した際には，DeNA の資金力で，MERY の CM を大規模に展開することを提案されたため，MERY の CM 展開を望んでいた中川氏は，買収提案に大きな魅力を感じるようになった。また，DeNA の傘下に入ることで，中川氏は，MERY をより一層大きくすることに専念する環境が整えられるとも考えるようになった」（第三者委員会報告書59頁）とされる。
以上のとおり，DeNA の豊富な資金力や人材の提供が事業売却の大きなポイントであった。言い換えれば，「スタートアップ期」（第5章3.1参照）のベンチャー企業では，資金及び人材の不足が重大な制約要因となっている状況が看取できる。

は15億円，ペロリ社は同35億円であった[8]。

　M&Aを実施した事情についてDeNA側は，「イエモとペロリは住宅と衣服分野で圧倒的なプレゼンスがあり，それを裏で支えるノウハウはディー・エヌ・エーの社内にないものだと思っている。こうした事業はやってわかることがあるし，逆にやってみないとわからないことが多い。時間を買うだけでなく，イエモとペロリのチームを買収で手に入れたという考え方になる」と説明している[9]。

1.3 事業リスクの検討状況

　守安氏は，iemo社買収の方針について，7月22日の取締役会と同23日の経営会議[10]で報告した。これに対して南場氏は，「守安氏の経営手腕やコスト意識の高さ，優れたビジネスセンスなどを高く評価していたことから，守安氏のiemo社買収に向けた熱意を感じ，代表取締役としてDeNAの成長を常に考えている守安氏の判断を尊重し，iemo社の買収を後押しすることとした」（第三者委員会報告書53頁）とされる。あくまで守安氏への信頼に基づき承認したものであり，まだこの時点ではリスク面の検討はなされていなかった。

1.3.1 法務DDの指摘

　DeNAの法務部は，iemo社買収のDD（デューディリジェンス）[11]を7月25日に開始し，8月18日に調査報告書を提出した。同調査報告書は，一部の画像に関して，「当該写真の著作権者から許諾を得ることなく，対象会社のサイトに無断で掲載しており，当該行為は，著作権（複製権及び公衆送信権）を侵害している。（中略）このような行為は，当該画像の著作権者・著作者から損害賠償請求や差止請求等の民事上の請求を受ける可能性があるだ

8　ただし，2015年3月期有価証券報告書では，対価の合計を3,719百万円としており，このうち3,446百万円がのれんとして計上された。
9　東洋経済オンライン2015年1月24日記事「DeNA，「ベンチャー2社同時買収」の果実」〈https://toyokeizai.net/articles/print/58728〉
10　常勤取締役・常勤監査役・執行役員が出席して週1回開催される会議。「経営会議では，各事業の進捗状況についての検討，リスクの認識及び対策についての検討，業務に関する重要な意思決定等を行っております」（2014年3月期有価証券報告書57頁，傍点筆者）とされる。
11　買収・売却の対象となる企業や事業の価値を収益力やリスクの面から評価する手続。

けではなく，刑事罰の対象ともなっているため，本件取引を実行する前に，無断掲載した画像を削除したり，許諾を受けた画像に差し替える，著作者名の表示をするなどの措置を講じる必要がある」（第三者委員会報告書 55 頁）として，著作権侵害のリスクを明確に指摘した。また，記事のテキストについても，「対象会社では全ての記事に関して著作権侵害がないか否かを確認しているわけではないことから，記事部分に著作権侵害が存在する可能性は否定できない」（前同）とした。

　この著作権侵害リスクについては，DD の調査報告書の完成前に経営陣に報告された。8 月 12 日の経営会議では，「著作権侵害のリスクへの対応を「クロージング条件として設定し，対応が完了し次第出資に応じる。」ものとされ，問題のある画像については，許諾を得た画像へと差し替えるか，直リンク方式[12]へと変更することになった」（第三者委員会報告書 56 頁）とされる。8 月 20 日の取締役会でも，著作権侵害リスクに直リンク方式で対応するとした上で，iemo 社の買収を決議した。なお，前述のとおり法務部は，画像の著作権侵害問題を指摘する一方で，テキストについては懸念に留めていたことから，リスク管理の議論は画像関係が中心であった。

　ペロリ社については，9 月 9 日に法務 DD が開始され，同 29 日に調査報告書が提出された。調査報告書の内容は，画像に関して著作権侵害問題を明確に指摘するとともに，テキストについてもその可能性を否定できないとした点で iemo 社と同様である。さらに MERY 特有の問題として，読者モデルや芸能人の肖像が写る画像を無許可で使用しており，肖像権侵害の可能性

---

[12] 画像の使用形態は，①直リンク方式と②サーバ保存に大別される。前者の直リンク方式は，リンク先の Web サイトから画像を自動的に送信してリンク元に表示するものであり，リンク先の URL が明示されている限り，著作権侵害にはならないとする見解が有力である。
例えば，牧野・飯村編（2004）は，「フレーム・リンク及び IMG リンクの場合も，リンク元のウェブサイトの一部に表示されているリンク先のウェブサイトの画像のデータは，リンク先のウェブサイトのサーバから直接送信されるのであるから，右各リンクを張る行為は，複製権，自動公衆送信，送信可能化権を侵害するとはいえないと解される」（同 456 頁）と述べている。
また，経済産業省の「電子商取引及び情報財取引等に関する準則」（2017 年 6 月）も，「個別の態様でのリンクを張る行為自体においては，原則として著作権侵害の問題は生じないと考えるのが合理的である」（同 146 頁）としている。
その一方で，後者のサーバ保存は，画像をリンク元のサーバ内に複製保存することから，当該画像の著作権者からの利用許諾や事業者許諾（SNS の利用規約に基づき，当該 SNS に掲載された画像の利用について著作権者が無制限の再許諾を認めているもの）がない場合には，著作権侵害となる。

があるとも指摘した[13]。その対策として，直リンク方式への変更に加え，芸能人等の画像の削除を行うこととされた。

1.3.2 プラットフォーム型の放棄

著作権侵害リスクに対処するには，前述した直リンク方式への変更の他に，サイトを自己発信型の「メディア」から「プラットフォーム」[14]に移行させて，プロバイダ責任制限法の免責対象とする対策が存在した（本章5参照）。しかし経営会議や取締役会では，このプラットフォーム化についてはほとんど議論がなされなかった。第三者委員会報告書は，これらの会議の出席者の多くが，メディアとプラットフォームの違いを理解していなかったと認定している（同242頁）。

その一方で，経営会議の資料には，プラットフォーム化に伴う問題として，「（これまでと）運用が変わる」「ノウハウの再構築が必要」（第三者委員会報告書56頁）などの記述が存在する。したがって，同資料を作成した実務担当者のレベルでは，プラットフォーム化によってiemoやMERYがこれまで蓄積したノウハウを使えなくなることを懸念していたと認められる。実際にも，一般読者からの投稿に依存するプラットフォーム型では，後述（本章2.3参照）するSEOに基づく記事の量産は不可能である。DeNA経営者が期待していたようにキュレーション事業を急成長させようとすれば，メディア型とならざるを得ないことは明白であった。

以上のとおり，経営者の理解不足と実務上の必要性により，DeNAでは，キュレーション事業を「一般ユーザーが自由に記事を投稿できるプラットフォームというよりは，自らが情報の発信者になるメディアとして立ち上げていった」（第三者委員会報告書64頁）のである。

1.3.3 戦略投資推進室員の指摘

M&A案件は戦略投資推進室の管轄であったが，守安氏はiemo社買収の

---

13 肖像権を権利として認める明文の法律はないが，判例では，民法上の人格権・財産権の一部として，差止請求や損害賠償請求が認められたケースが少なくない。政治家や芸能人のような公人については，どこまで肖像権を認めるべきか判断が難しいとされる。
14 「インターネットにおいて，多数の事業者間ないし多数の事業者とユーザー間を仲介し，電子商取引やアプリ・コンテンツ配信その他の財・サービスの提供に必要となる基盤的機能」（第三者委員会報告書5頁）。本件の場合，一般ユーザーに投稿の「場」を提供するサービスという趣旨で使われている。

決意を既に固めていたため，あらためて同室の見解を求めようとはしなかった。同室室員のA氏は，①iemo社の買収価格を15億円と設定したことへの疑問，②著作権侵害のリスクがある中でiemoのサービスをDeNA内で横展開することのリスク，③シンガポール在住の村田氏に買収後もiemo社の運営を任せること（後述）のリスクについて守安氏に指摘したが，それに対して特段の反応はなかった。

1.4 村田氏の登用

守安氏は，iemo社の買収交渉の時点から，「iemoのビジネスモデルを，iemoの「住」という領域以外にも横展開することで，キュレーション事業を，短期間で，大きな収益をもたらす事業に成長させることを考えて（いた）」（第三者委員会報告書62頁）とされる。そこで，事業ノウハウを有する村田氏にDeNAの執行役員への就任を要請した。

村田氏の登用に対して南場氏は，社内の納得を得られるか，シンガポール在住のまま執行役員の職務を全うできるかと懸念したとされる。しかし，「DeNAは「永久ベンチャー」を標ぼうしながらも，大企業病に陥っているという危機感を有していた南場氏らも，iemo社の持つスタートアップのマインドがDeNAに注入され，DeNA社内に，失われかけていた「永久ベンチャー」の雰囲気が呼び戻されることを期待」（第三者委員会報告書58頁，傍点筆者）して，この人事を承認した[15]。

2014年10月1日にDeNAは，「キュレーションプラットフォームで集客した巨大なユーザ数をベースに，広告ビジネス展開やeコマースとの連携を視野にいれています。また，住まいやファッションに関心のある「iemo」「MERY」ユーザと既存インテリア・ファッション産業を結びつけるマッチングプラットフォームに発展させる」[16]と発表し，社内にキュレーションプ

---

[15] 南場氏は，「マリさんの会社を買収したのには，事業面での利点だけじゃなく，マリさんみたいな方を仲間に加えて「会社として若く生き生きとしていたい」っていうのがあるんですよ。会社を若返らせたいんです」と述べている（ログミー 2016年5月13日記事「DeNA南場氏「私は彼女の大ファン」 iemo村田マリ氏はどこが凄いのか」〈https://logmi.jp/business/articles/145196〉）。

[16] DeNA 2014年10月1日発表資料「DeNAがキュレーションプラットフォーム事業を開始　キュレーションプラットフォーム運営会社2社を買収，リアル巨大産業の構造変革を目指す」

ラットフォーム推進室を設置した。

　キュレーション事業の責任者となった村田氏は，外部の人材を活用する必要があると判断し，サイトの横展開のノウハウに精通したX氏をスカウトした。しかし，同氏が運営していたサイト[17]が著作権侵害の指摘を受けて炎上[18]したため，社内ではX氏の採用について疑問が提起された。

　南場氏，守安氏及び人事部担当者がX氏と面談した結果，X氏がこれまでの事業を全て止めること，炎上事件について謝罪文を掲載することなどを条件に，2014年12月頃にX氏の採用を決定した（正式入社は2015年2月）[19]。なお，X氏の入社目的は，大規模企業の事業運営を体験して将来の参考にしたいというものであり，当初から1年間で退社する予定であった（2016年1月に退社）。さらに，DeNAが2015年2月に旅行関連のキュレーションサイトFind Travelを買収すると，SEOに詳しい同社代表取締役のY氏を入社させた[20]。

　初期のキュレーション事業は，村田氏・X氏・Y氏（「ボードメンバー」と呼称）を中心に運営された。X氏はサイト数を増やす横展開の業務を，そしてY氏はSEOのノウハウをサイトに伝授する業務をそれぞれ担当した。

2　事業の展開

　キュレーション事業の体制，新規サイトの立ち上げ状況，SEOに基づく記事の量産及びクラウドワーカーの活用を柱とした事業方針などの経緯は以下のとおりである。

---

[17] バイラルメディア（SNSの情報拡散力を利用して，短期間で爆発的にトラフィックを集めようとするメディアサイト）の『BUZZNEWS』。2014年8月から10月にかけて炎上し，2015年2月に閉鎖された。
[18] ネット上で批判が殺到すること。
[19] この採用に関して南場氏は，「私もその場にいたが，その人物を採用するというのは経営会議でも議論になっていた。しかし話を聞くと，炎上後は大変心を痛めており，今は反省してお詫びも済んでいるということだったため，それならばもう1回ちゃんと（チャンスを）与えてみよう，私に会わせてもらえないかと提案し，その後実際に会って確認もした」と弁明している（ねとらぼ2016年12月7日記事「DeNAキュレーションサイト問題，スタッフに「元炎上バイラルメディア」の影」〈http://nlab.itmedia.co.jp/nl/articles/1612/07/news151.html〉）。
[20] iemoやMERYと同様にFind Travelについても，法務DDでは，画像の著作権侵害を指摘するとともに，テキストについてもその可能性を否定できないとした。

2.1 事業部門の体制

2015年2月にキュレーション企画統括部が設置され，村田氏が統括部長に就任した。同6月には，X氏が副統括部長に就任している。同9月にはキュレーション企画統括部にグロースハック室・メディア戦略企画部の2部署が設置され，Y氏が前者の室長，X氏が後者の部長に就任した。

2016年3月にはキュレーション企画統括部の編成が，グロースハック部・メディア部・事業推進部・広告宣伝部の4部署に拡大した。同10月には，キュレーション企画統括部がメディア統括部（メディア部を管轄）とPalette事業統括部（グロースハック部・事業推進部・広告ビジネス部を管轄）に二分されたが，村田氏が両方の統括部長を務めた。業務分担については，メディア部が直営サイト（DeNAが自ら立ち上げた7サイト）の管理，グロースハック部がSEO施策の考案，事業推進部が同事業のコーポレート機能をそれぞれ担当した。

2.2 新規サイトの立ち上げ状況

2014年12月に守安氏は，キュレーションサイトを1年間で10サイト[21]に増やすように指示した。同月に「食」関連のサイトCAFYのサービスを開始し，さらに2015年2月には，旅行関連のサイトFind Travelを運営するFind Travel社を買収した。

2015年4月には，X氏がJOOYを，村田氏とY氏がcutaをそれぞれ立ち上げるとともに，キュレーション事業拡大プロジェクト「DeNA Palette」[22]を発表し，数年間でキュレーション事業のMAU（後述）を5000万人規模に発展させるとした。同10月には，X氏が中心となって，WELQ・GOIN・UpIn・PUULの4サイトを同時に立ち上げた。

---

21 「「10」という数字は，緻密な計画に基づいた設定というよりは，10の領域を扱っておけば，キュレーション事業として業界トップの地位を狙えるという守安氏の感覚から出た数字であった」（第三者委員会報告書63頁）。

22 「DeNAでは今後，キュレーションプラットフォーム事業を拡大するため，既存の運営事業者の買収も視野に入れながら，社外から新たなアイデアを積極的に受け入れ，人材を幅広く募集していく予定です。この事業拡大に向けたプロジェクトを「DeNA Palette」と名付け，DeNAグループならではの運営体制・人材・ノウハウを活かした色とりどりのジャンル特化型キュレーションプラットフォームを提供してまいります」（DeNA2015年4月6日発表資料「DeNA，ジャンル特化型キュレーションプラットフォーム3つを提供開始」）。

表2-1 各サイトの対象領域と事業開始時期

	対象領域	サービス開始
iemo	住	2014年9月（買収）
MERY	衣	2014年9月（買収）
CAFY	食	2014年12月
Find Travel	旅行	2015年2月（買収）
JOOY	ファッション・恋愛等	2015年4月
cuta	妊娠・出産・子育て	2015年4月
WELQ	美容・健康・医療	2015年10月
GOIN	自動車・カーライフ	2015年10月
UpIn	金融・人間関係等	2015年10月
PUUL	エンターテインメント	2015年10月

（DeNA公開資料に基づき筆者作成）

　かくしてDeNAは，事件発覚時に計10サイトを運営していた（表2-1参照）。このうち子会社を通じて運営されていたのがiemo・MERY・Find Travelの3サイトで，残りの7サイトはDeNAの直営であった。

2.3　事業方針

　DeNA経営者は，キュレーション事業に対して急激な成長を要求した。その実現に向けて，KPI（Key Performance Indicatorの略。重要業績評価指標）として重視されたのが，DAU（Daily Active Usersの略。当該サイトを1日に利用したユニークユーザー[23]の数）やMAU（Monthly Active Usersの略。当該サイトを1カ月に1度以上利用したユニークユーザーの数）であった。

　2014年度下期事業計画では，iemoについて80万DAU（1000万MAU），MERYについて140万DAU（1700万MAU）とKPIを設定した。2015年10月には，キュレーション事業を「ゲーム事業に次ぐ第2の柱を成す新規事業」（第三者委員会報告書64頁）[24]と位置付け，2018年度末の同事業の時

23　サイトの訪問者数。同じユーザー端末からの重複訪問は1とカウントする。
24　DeNAの2016年3月期有価証券報告書には，「収益基盤の多様化に向けた新規事業への取り組み」として，「特にキュレーションプラットフォーム事業については，次の柱となる事業として強化を図ってまいります」（同13頁）と説明している。

価総額を2500億円と目標設定した。さらに同11月には，MERYについて400万DAU及び四半期当たり10億円の営業利益を，他の9サイト合計で1000万DAU及び四半期当たり10億円の営業利益をそれぞれKPIに設定した。2016年4月には，年度中に月商5億円及び黒字化の達成を目標に掲げ，さらに同9月には，2020年度のキュレーション事業の営業利益を200億円，時価総額を5000億円と設定した。

　守安氏は，目指す時価総額から逆算して，達成すべきDAUや営業利益などのKPIを村田氏に示達していた。「当時の村田氏からすると，これらのKPIは，いずれも相当高い水準にあると思ったが，守安氏からは，設定した時価総額目標の背景などについて，明確に説明を受けたことはなかった」（第三者委員会報告書64-65頁）とされる[25]。このハイレベルの目標を達成するための戦略が，SEOに基づく記事の量産とクラウドワーカーの活用であった。

2.3.1　SEOに基づく記事の量産

　DeNAでは，キュレーション事業の立上げ直後から様々なSEO施策を模索しており，記事作成時に特定のキーワードを記事に取り込む手法や，8,000〜1万字程度の長文記事とすることが有効と判断していた[26]。また，短期間にできるだけ多くのユーザーをサイトに呼び込むために，記事数をなるべく増やすことが必要とされた。キーワードと記事構成（見出し）案をクラウド執筆ライター[27]（クラウドソーシング企業を通じて業務委託した執筆者）に提示して記事を量産する手法がFind Travelで成功を収めたことを受けて，X氏を中心に記事量産が進められた。

---

[25] 第三者委員会は，「目標が高すぎるとの議論が社内でなされなかったのか」との記者の質問に対し，「非常に意外というか，大変な目標ですねというようなやり取りはあったんですけれども，やはり，社長からの指示ということであれば，そこについては，事業部長以下は，その目標の達成に関して，全力を尽くすということが求められますので，結果的には，そのようなことを行ったということです」と記者会見で回答している（ログミー2017年3月13日記事「「守安社長からの指示が大きく影響した」DeNAまとめサイト問題が起こった背景について」〈https://logmi.jp/business/articles/193931〉）。

[26] 白石（2017）は，当時のGoogleのアルゴリズムでは，文字数が多い記事ほど「情報の網羅性が高い」と評価していたと推測している（同150頁）。

[27] 「執筆ライター」という表現は「執筆」と「ライター」が重複しているが，第三者委員会報告書では，記事を作成する者を「執筆ライター」，記事構成を専門に作成する者を「構成ライター」と区別しているため，本書でもそれに倣うこととした。

しかし当初は，各サイトの責任者であるPO（プロダクトオーナー）の考え方の違いにより，必ずしもこの方針が徹底されなかった。そこで，「2015年（平成27年）夏頃，4サイトの同時立上げを含むキュレーション事業の拡大を念頭に，村田氏らボードメンバーが中心となって，一旦，記事量産の方針を本格化させることを決めた。サイトによっては，依然として記事量産の方針に反対するサイトもあったものの，基本的に，（独立性の強いMERYを除く）9サイトは記事を量産してDAUを伸ばすことを課せられるようになった」（第三者委員会報告書75頁）とされる。

それと並行して，X氏の指示に基づき，2015年8月頃にキュレーション企画統括部内に「量産チーム」が編成された。同チームの業務は，使い回しをしやすいキーワードを用いて，どのサイトにも掲載可能な記事を量産することであった。さらに，前述（本章2.1参照）したグロースハック室が2015年9月に設置され，SEOの観点からキーワードを抽出して各サイトに提供するようになった。

2.3.2　クラウドワーカーの活用

「クラウドソーシング」とは，「不特定の人（クラウド（crowd）＝群衆）に業務を外部委託（アウトソーシング）するという意味の造語であり，発注者がインターネット上のウェブサイトで受託者を公募し，仕事を発注することができる働き方の仕組み」（第三者委員会報告書8頁）とされる。

前述のとおりSEOに基づく記事を量産するため，DeNAでは，記事作成業務を多数のクラウドワーカーに発注していた。当初はクラウドソーシング企業に募集を依頼し，個々のクラウドワーカーとDeNAが契約を締結した。しかし，クラウドワーカーの人数が増えてDeNA側の事務負担が膨大になったため，クラウドソーシング企業に記事作成業務を委託し，同社からクラウドワーカーに再委託する形式に変更した。

クラウドワーカーなどの外部執筆ライター[28]による記事作成作業は，基本的に以下のような流れで行われていたが，サイトごとに若干の差異が見られ

28　クラウド執筆ライターの他に，クラウドソーシング企業を通さずに外部に執筆業務を委託する「業務委託ライター」も存在した。こうした業務委託ライターとクラウド執筆ライターを併せて，「外部執筆ライター」と総称する。

る。
- 外部執筆ライターに対し，記事に盛り込むべきキーワードと総文字数を指示する。
- 外部執筆ライターが記事構成（見出し）案を作成し，各サイトの編集担当者のチェックを受ける。なお，編集担当者や外部構成ライターが記事構成を作成して，外部執筆ライターに提供するケースもある。
- 作成された記事の内容を各サイトの編集担当者や外部編集ディレクターが確認する。その際に，テキストについてコピペチェック（コピペの有無の確認）や，画像について引用ルールに則しているかどうか確認するケースもあるが，誤字脱字等の形式的なチェックにとどまるのが一般的である。

2016年11月末時点では，DeNA全体で編集担当者約110人に対し，外部執筆ライターなどの外部者は3,049人（サイト間の重複あり）に達していた。なお，読者の側からすると，外部執筆ライターが書いた記事と一般読者が投稿した記事を外見で判別することはできなかった。

3 事業の拡大と将来性に対する疑問

DeNAの「2016年度第2四半期業績のご報告」[29] では，キュレーション事業について，「MERYのほか2媒体で月間利用者数が2000万を超過，期初想定よりも早いペースで進捗しており，非常に力強く推移」（同9頁）と説明した上で，図2-1が示すように同四半期の事業売上は約15億円に成長し，「2016年9月には単月黒字を達成し，第3四半期は四半期で黒字となる見通し」（同12頁）とした。

しかし，前述（本章2.3参照）したようにDeNAでは，キュレーション事業を「ゲーム事業に次ぐ第2の柱を成す新規事業」と位置付けていたことを考えると，この程度では決して十分ではなかった。ゲーム事業は，業績低下に苦しんでいたにせよ，2016年3月期に売上高1096億円，営業利益259億

---

[29] 〈http://www.irwebcasting.com/20161104/10/42e688432f/media/161104_dena_ja_a_01.pdf〉

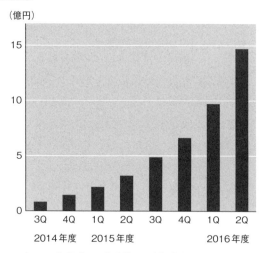

図2-1 事業売上収益

（DeNA 資料「2016年度第2四半期業績のご報告」12頁）

表2-2 DAUと伸び率

	全体DAU	対前月比　伸び率
2016年6月	6,092,581	
2016年7月	7,313,981	20.0%
2016年8月	8,457,117	15.6%
2016年9月	9,035,616	6.8%
2016年10月	9,479,556	4.9%
2016年11月	9,875,619	4.2%

（第三者委員会報告書に基づき筆者作成）

円を挙げていたが，キュレーション事業は，前述のように2016年度第2四半期に売上高15億円，第3四半期にようやく黒字化の見込みであった。

さらに，キュレーション事業の成長率も鈍化しつつあった。表2-2は，DeNAの全10サイトのDAU合計と，対前月比の伸び率である。本事件でサイトが閉鎖されるまでの半年間にDAUの伸び率が低下していることが認められる。サイト別に見ると，古参サイトのiemo・MERY・Find Travelの鈍化傾向が顕著であり，特にMERYのDAUは完全に横ばい状態であっ

た。基本的に広告収入に依存するキュレーション事業にとって，DAU の低迷イコール成長の限界となる

　その理由として，個々の分野に対して強い関心を抱く読者層は自ずと限られるため，サイトがある程度成長すると，DAU の伸びが鈍化してしまうことが挙げられる。さらに，DeNA 以外の大手 IT 企業も続々とキュレーション事業に進出していた上に，DeNA と同様に SEO を駆使していたことから，競争が激化しつつあった点も看過できない[30]。

　以上のとおり，キュレーション事業を「ゲーム事業に次ぐ第 2 の柱」とする DeNA の戦略は，現実性に乏しかったと言わざるを得ない。仮に本事件が発覚しなかったとしても，キュレーション事業の業績は，近い将来に頭打ちになっていたと推察される。

　ちなみに，一橋大学大学院国際企業戦略研究科の楠木建教授は，「「MERY」のように特定少数の有望なメディアはあるにせよ，DeNA のメディア事業についていえば，総じて単純に商売として筋が悪いと思う。（中略）いくらなんでもこれほど安直なオペレーションでは，どんなに SEO（検索エンジン最適化）に注力しても，事業としての持続性や発展性には大いに疑問がある。（中略）キュレーションサイトのいくつかは，今回のような問題が表面化しなかったとしても，おそらく期待するほど十分な読者を安定的に獲得できず，したがって，広告収入も獲得できず，ひっそりと閉鎖ということになったのではないか」（楠木（2017），114-115 頁）と分析している。

　さらに言えば，仮にキュレーション事業が期待どおりの成長を遂げたとしても，それは決して持続可能なものではなかった。キーワードの選定や記事の文字数の設定などの SEO 施策は，あくまでも現時点の Google 等の検索アルゴリズムに対応したものにすぎない。将来的に検索アルゴリズムが変更された場合には，それまで積み上げてきた努力が無に帰してしまうリスクを抱えていたのである。

　2017 年 2 月に Google 日本法人は，日本語検索システムの変更を発表し

---

[30] 「オリジナル・コンテンツを作り込んでいく必要がないキュレーションサイトは，限りなく参入障壁が低く，スピードを重視して手っ取り早く始めるには適した事業であるということ。（中略）成長分野で，かつ参入障壁が低いということは即時多数乱戦状態になることを意味している」（楠木（2017），111 頁）。

た[31]。その趣旨について、「今回のアップデートにより、ユーザーに有用で信頼できる情報を提供することよりも、検索結果のより上位に自ページを表示させることに主眼を置く、品質の低いサイトの順位が下がります。(中略)今回の変更は、日本語検索で表示される低品質なサイトへの対策を意図しています」と説明しており、本事件を受けての対策と推察される。このシステム変更によって、「それまで上位を占めていたキュレーションサイトの検索順位が軒並み低下した」[32]とのことである。

4 不祥事の発覚と事業の断念

　DeNAのキュレーションサイトの悪質性については、2016年8月頃にはネット業界で周知されるようになり、10月22日にWELQの「死にたい」記事（後述）に対して厳しい批判がなされたことを契機に炎上した。11月28日にはBuzzFeed Newsに「DeNAの「WELQ」はどうやって問題記事を大量生産したか　現役社員、ライターが組織的関与を証言」[33]と題する記事が掲載され、WELQが執筆マニュアルでコピペを推奨していた問題が暴露された。さらに東京都福祉保健局がDeNAに対して事情聴取を要請するに至ったことから、DeNAは翌29日にWELQを非公開化した。

　当初、DeNAでは、早期にWELQを再開する予定であった[34]。しかし、他のサイトにも同様の問題があるとの批判が相次いだことから、12月1日にMERYを除く全サイトの非公開化を発表した。MERYだけを除外した理由は、後述（第3章2参照）するようにMERYの運営体制や方針が他のサイトと異なっていたためとされる。しかし、その後にMERYについても不適切な記事が判明したことから、同7日に非公開とした。

---

31 「日本語検索の品質向上に向けて」〈https://webmaster-ja.googleblog.com/2017/02/for-better-japanese-search-quality.html〉
32 週刊東洋経済2017年4月15日記事「大手企業も躓いたキュレーションの泥沼」20頁
33 〈https://www.buzzfeed.com/jp/keigoisashi/welq-03?utm_term=.vwwpWx3NP#.ys2w1iGMo〉
34 「専門家による医学的知見及び薬機法をふまえた監修体制を速やかに整えます。その上で医学的根拠に基づく監修を順次行い、皆様に安心してご利用いただける状態にしたのち、WELQ編集部名義で記事を掲載していく方針です」(DeNA2016年11月29日発表資料「当社運営のキュレーションプラットフォームについてのお知らせ」)。

この事件の責任を取って守安氏は自らの報酬を6カ月間50％減額すると発表したが，引き続き代表取締役社長にとどまった。キュレーション事業の責任者であった村田氏は，2017年3月にDeNAの執行役員とiemo社の代表取締役を辞任した[35]。さらに，執行役員経営本部長の役職にあった者2人とその他25人について，DeNAは就業規則に基づく処分を実施した。

2017年3月期連結決算におけるキュレーション事業の業績は，売上収益3,660百万円，営業損失▲2,882百万円であった[36]。さらに同決算では，キュレーション事業の使用価値をゼロとみなして，▲3,948百万円ののれんの減損を行っている。DeNAの株価（終値）は，2016年11月28日に3,565円であったが，その後は下がり続けて，年末には2,554円，年度末には2,259円となった。

2017年10月に南場氏は，「（キュレーション事業の）自力での再建をギブアップする，断念するということです。本件の事後対応は引き続き当社が最優先で行いますが，当社として単独で従前のキュレーション事業を継続することはございません」[37]と表明した。なお，MERYについては，2017年8月にDeNAが小学館との共同出資（DeNAが33.3％，小学館が66.7％を出資）で「株式会社MERY」を立ち上げ，同11月21日から記事の配信を再開した。ただし，MERYはブランドだけで，記事はすべて新作とされている。

■ 5 関係法令と違反状況

本事件では，他者が権利を有するテキストや画像の無許可利用については著作権法，不適切な医療情報の掲載等については医薬品医療機器等法（薬機法[38]）・医療法・健康増進法の違反がそれぞれ問題となる。

---

35 同時期に中川氏もペロリ社の代表取締役を辞任した。
36 キュレーション事業の収益構造について守安氏は，「基本は広告収入が大半，メインでありました。一部MERYにおいてeコマース，物販を行っておりましたので，一部その物販の売り上げがあったということですが，基本的には広告収入が大半という認識でおります」と説明している（ログミー 2016年12月7日記事「DeNA 南場氏「経営者として非常に不覚だった」WELQの記事内容とネット上の医療情報について回答」〈https://logmi.jp/business/articles/173958〉）。
37 日経ビジネス 2017年10月9日号記事「私たちは挑戦を諦めない　南場智子氏」78頁
38 薬事法が2013年に改正（2014年11月に施行）された際に，その略称も「薬機法」に変更された。

著作権法は，著作者の権利保護などを目的とした法律であり，テキストや画像の無許可複製は同法第119条により刑事罰の対象となるとともに，当該不法行為に関する民事上の損害賠償責任も発生する。

その一方で，プロバイダ責任制限法（プロ責法）は，発信者が他者の権利を侵害する情報を発信した場合でも，当該記事を掲載したプロバイダは，そのことを認識していなかったのであれば損害賠償責任を負わないと規定しているため，一般読者の投稿記事に関しては，サイト側は基本的に免責される。ただし，本件ではDeNAが外部執筆ライターに作成させた記事が大半を占めていた上に，記事作成に関する指示や記事内容の確認をDeNA側で行っていた事実が認められるため，プロ責法にかかわらず，DeNAが記事に関する責任を負うと解される。

薬機法は，医薬品等の使用による保健衛生上の危害の防止などを目的とした法律である。同法第66条は医薬品等の効能に関して虚偽又は誇大な記事や，医師等が効能を保証したと誤解されるおそれのある記事の流布を禁止し，同法第68条は未承認の医薬品等（健康食品を含む）の効能についての広告を禁止している。

医療法は，医療を受ける者の利益の保護などを目的とした法律であり，同法第6条の5は，病院等に関する一定事項以外の広告や，虚偽広告・誇大広告などを禁止している。健康増進法は，国民の健康増進などを目的とした法律であり，同法第31条は食品の健康増進効果について著しく事実に相違する表示や，著しく誤認させる表示を禁止している。

これらの薬機・医療法規に違反すれば刑事罰の対象となるとともに，それによって何らかの健康被害が発生した場合には，民事上の損害賠償責任を負う[39]。

---

[39] DeNAの記事の末尾には，「当社は，この記事の情報及びこの情報を用いて行う利用者の判断について，正確性，完全性，有益性，特定目的への適合性，その他一切について責任を負うものではありません」と免責事項が記されていた。ただし，記事のテキストよりも相当に小さなフォントで表示され，読者が気付きにくいと認められることから，法的に免責が認められるかどうかは微妙である。
ちなみに，広告全体に比して小さい文字で消費者に不利益な情報を記載していたことについて，景品表示法第4条1項2号（有利誤認）の規定に違反するとして，公正取引委員会が排除命令や警告を行ったケースがある（その具体例として，「東日本電信電話株式会社及び西日本電信電話株式会社に対する排除命令について」(2008年3月13日))。

5.1 テキスト関係の違反状況

　著作権法第 2 条 1 項 1 号は,「著作物」を「思想又は感情を創作的に表現したものであって,文芸,学術,美術又は音楽の範囲に属するものをいう」と定義している。後述する画像の場合には複製かどうかは容易に判定できるが,テキストの場合には若干の改変がなされることが多く,複製かどうかの判定基準が問題となる。この点に関する過去の判例・学説は以下のとおりであり,元テキストの本質的な特徴が認識できれば複製と解している。

- 「著作物の複製とは,既存の著作物に依拠し,その内容及び形式を覚知させるに足りるものを再製することをいう」(最高裁昭和 53 年 9 月 7 日判決 民集 32 巻 6 号 1145 頁)。
- 「言語の著作物の翻案 (著作権法 27 条) とは,既存の著作物に依拠し,かつ,その表現上の本質的な特徴の同一性を維持しつつ,具体的表現に修正,増減,変更等を加えて,新たに思想又は感情を創作的に表現することにより,これに接する者が既存の著作物の表現上の本質的な特徴を直接感得することのできる別の著作物を創作する行為をいう」(最高裁平成 13 年 6 月 28 日判決 民集 55 巻 4 号 837 頁)。
- 「表現上の本質的特徴を直接感得しうる程度に類似するか否かによって侵害の成否が区分され,かかる程度の類似性がなければ,複製権も翻案権も侵害は成立せず,同一性保持権侵害も成立しない。大幅な改変によって直接感得しえない状態に至れば,もはや別個独立の著作物となるからである」(岡村 (2014), 459 頁)。

　その一方で,前述の「著作物」の定義に照らし,そもそも元テキストに「創作性」が欠けている場合には,著作権法が保護する「著作物」には該当せず,複製しても著作権侵害にはならないと解されている。この「創作性」については,高度な独創性や新規性を要件とせず,作者の個性が表れていればよいとされる一方で,表現の選択の幅が狭くて誰でも同様の表現になってしまう場合やありふれた表現などは除外される。この点に関する判例・学説は以下のとおりである。

- 「著作権法は,思想又は感情の創作的な表現を保護するものであるから (同法 2 条 1 項 1 号参照),既存の著作物に依拠して創作された著作物

が，思想，感情若しくはアイデア，事実若しくは事件など表現それ自体でない部分又は表現上の創作性がない部分において，既存の著作物と同一性を有するにすぎない場合には，翻案には当たらないと解するのが相当である」（最高裁平成 13 年 6 月 28 日判決 民集 55 巻 4 号 837 頁）。

- 「著作物とは人による独自の精神的作業の成果であるため，そこには創作者の何らかの個性が現れているはずであり，それこそが創作性の中心的要素であると考えられている。（中略）一般的には創作性とは高い独創性までは要求されておらず，また学術性や芸術性の高さも問題とはならず，何らかの個性が現れていればよいと解されている。（中略）強いて言えば，非常に短いものや，表現が平凡かつありふれたものの場合には，筆者の個性が現れていないものとして，創作性の否定されることがある程度である」（中山（2014），61-62 頁）。
- 「（近年の判例では，）特定の思想・感情，事実それ自体をそのまま表現したものにすぎない場合のように，表現が思想・感情それ自体と対応しているため，誰が行っても同様の表現となる場合（不可避的表現）や，ありふれた表現にすぎない場合（凡庸な表現）には創作性が認められないと説くものが主流を占めている。（中略）これを認めると，それに盛り込まれた特定の思想・感情，事実それ自体や，一般に広く用いられている表現を，特定の者に事実上独占させてしまい，後続する他者の自由な表現行為や情報の自由な流通を不当に妨げるおそれがある」（岡村（2014），51-52 頁）。

第三者委員会が調査の基準日とした 2016 年 11 月 10 日時点で，DeNA の記事総数は 376,671 件（一般読者の投稿を除く）に達した。これだけの記事を個別に精査することは困難であるため，第三者委員会ではサンプル調査（400 件）を実施し，引用分析ツールを用いて対照記事がないかどうかを調査した[40]。その結果，233 件について対照記事が抽出されたが，その中で「著作権侵害の可能性がある[41]」と認定された記事は 15 件であり，うち 11

---

[40] 400 件のサンプル数で，統計的に調査結果の信頼度は 95％，標本誤差は±4.9％とされる（第三者委員会報告書 30 頁）。
[41] 「著作権侵害の可能性がある」との認定にとどめた事情について，第三者委員会は，「そもそも「著作権侵害があった可能性はある」ということを我々は認定，評価をいたしますけれども，

件は対照記事のデッドコピー（内容が全く同一）であった。この調査結果に依拠して，第三者委員会は著作権侵害の可能性がある記事の比率を統計学的に1.9％～5.6％と分析したが，この認定には以下の疑問がある。

疑問の第一は，線引き基準が甘すぎることである。対照記事を抽出する際の線引き基準として，第三者委員会は「30文字以上の文章について一致度が90％以上」を採用し，その理由について「「てにをは」の変更だけを行った場合を捕捉するため」と説明した（第三者委員会報告書34頁）。したがって，「てにをは」以外にも若干の改変を行ったケースは，一致度が90％未満となって除外されてしまう。

実際の事例としては，BuzzFeed News 2016年10月28日記事「無責任な医療情報，大量生産の闇　その記事，信頼できますか？」が，DeNAのサイトWELQの記事「肺炎の症状について知ってますか？風邪と思って安心してはいけない！原因と種類や症状」について，以下の書き換えがなされたと例示している[42]。

【元記事】[43]「風邪は治ったはずなのに，咳が続くってことありますよね。でも咳や微熱が2週間以上続く場合は，肺結核の可能性を疑ってください」

【WELQ記事】「風邪は治ったはずなのに，咳が**止まらず続いている。もしも**，咳や微熱が2週間以上続く場合は，肺結核の可能性を疑って**方がいいそうです**」(ママ)

太字が改変部分で，63文字中21文字が書き換えられていた。元テキストの本質的特徴が残っていることは一見して明らかであるが，一致度は90％未満なので，第三者委員会の線引き基準では，「著作権侵害の可能性がある

　具体的な判断というのはやはり事案ごとに非常に多岐にわたりますし，裁判所の判断もかなり異なりうる領域の問題ですので，そこについて「確定的に著作権侵害があった」ということまでは見込んでは断定しておりません」と説明している（ログミー2017年3月13日記事「DeNAキュレーション事業問題について第三者委「やはりDeNAは反省すべき」」〈https://logmi.jp/business/articles/193910〉）。

42　〈https://www.buzzfeed.com/jp/keigoisashi/welq-01?utm_term=.feXy61ODK#.lkVGg6a4K〉なお，同記事では，本件WELQ記事について計10本の他サイト記事からのコピペを指摘している。

43　看護師life記事「あなたも感染してるかも？近年増加している肺結核の特徴と予防法」〈https://nurse-web/josei/pulmonary-tuberculosis/〉

記事」には該当しない。

　疑問の第二は，前述の一致度 90％ 以上という甘い線引き基準でさえも，400 件中 233 件で対照記事が抽出されたにもかかわらず，認定件数が 15 件にとどまったことである。言い換えれば，文章が 90％ 以上一致していたケースであっても，その 9 割以上が著作権侵害の可能性がないと認定されたのである。

　その理由について第三者委員会は，①適法な引用である場合，② DeNA 記事が先行している場合，③表現上の創作性がない場合（最高裁判例が根拠[44]）を除外したと説明する。しかし，サンプルの 400 件のうち参照 URL が指定されている記事は 12 件にすぎず，①に該当するケースはほとんどなかった。また，DeNA の記事がクラウドワーカーにより濫造されていたことを考えると，②のケースも極めて少ないと推察される。

　したがって，③の表現上の創作性がない場合として除外されたケースが大半であり，第三者委員会が創作性について極めて抑制的に認定していた疑いが強い[45]。15 件という認定数は，著作権侵害が明白で言い逃れができなかったケースと考えるべきであろう。筆者としては，400 件中 233 件で一致度 90％ 以上となっていた点に鑑み，記事総数の約半分が著作権侵害と指摘されてもやむを得ない状況だったと推認する。

5.2　画像関係の違反状況

　前述（本章 1.3.1 注参照）のとおり画像の使用形態は直リンク方式とサーバ保存に大別され，このうち直リンク方式については，著作権侵害の問題は生じないとする見解が有力である。しかしサーバ保存については，当該画像の著作権者からの利用許諾や事業者許諾がなければ著作権侵害となる。

　キュレーション記事全体で 4,724,571 件の画像が使用されていたが，その 15.8％ にあたる 747,643 件がサーバ保存で，かつ，著作権者等の許諾が確認

---

[44]　「既存の著作物に依拠して創作された著作物が，思想，感情若しくはアイデア，事実若しくは事件など表現それ自体でない部分又は表現上の創作性がない部分において，既存の著作物と同一性を有するにすぎない場合には，翻案には当たらないと解するのが相当である」（最高裁平成 13 年 6 月 28 日判決 民集 55 巻 4 号 837 頁。傍点筆者）。

[45]　第三者委員会報告書は，表現上の創作性がないとして除外する場合の基準を説明せず，また，その具体例も提示していない。

できなかったことから，第三者委員会は著作権侵害の可能性があると認定した。サイト別では，MERY が 518,162 件，iemo が 116,334 件と突出して多かったが，10 サイトすべてに不正な画像使用が認められた（最低の WELQ でも 2,696 件に達した）。

なお，第三者委員会は，Twitter などのソーシャルメディアに掲示された画像については，事業者許諾がなされていると判断したが，「こうしたソーシャルメディアの約款には，サーバー保存を明示的に認める文言がないのではないか」との記者の質問に対し，「（約款の）文言については確かに，非常に議論はされたんですけども，確定的にそこについては許されないということもない，ということで我々としては事業者許諾があるだろうと。そこのなかの範疇に含めてよいだろうという判断を最終的にはいたしました」[46] と回答している。したがって，ソーシャルメディアの画像について約款上サーバ保存が認められないとされた場合には，違反状況がさらに拡大することになる。

5.3 薬機・医療法規の違反状況

外部報道等で問題視された WELQ 記事 19 件を第三者委員会で調査したところ，法令違反の疑いがある記事は，薬機法関係 8 件，医療法関係 1 件，健康増進法関係 1 件の計 10 件（重複なし）であった。

■ 6 本章のまとめ

DeNA は，主力のゲーム事業が不調となったことで，新たな成長の柱となる事業を渇望し，M&A により iemo と MERY を買収してキュレーション事業に乗り出した。同事業については，買収時の DD で法務部が著作権侵害リスクを指摘していたが，画像について直リンク方式に変更する対応がなされただけであった。

守安氏は，iemo のビジネスモデルを横展開して短期間で高成長を実現す

---

[46] ログミー 2017 年 3 月 13 日記事「「守安社長からの指示が大きく影響した」DeNA まとめサイト問題が起こった背景について」<https://logmi.jp/business/articles/193931>

るため，iemo 社長であった村田氏を DeNA の執行役員に登用してキュレーション事業を統括させた。南場氏は，DeNA の大企業病に対する危機感を抱いていたところ，村田氏を通じてベンチャー精神が社内に注入されることを期待した。

　キュレーション事業では，KPI が高い水準に設定されたことから，SEO に基づく記事の量産とクラウドワーカーの活用を方針とするとともに，新サイトを次々に立ち上げ，2015 年 10 月には計 10 サイトを運営するに至った。しかし 2016 年 10 月以降，健康・医療関係のサイト WELQ の不適切な記事が炎上したことを契機に，著作権侵害問題がクローズアップされ，DeNA では全サイトの閉鎖を余儀なくされた。

第3章 著作権侵害問題への対応状況

　本章では、サイトの編集方針の変遷やテキスト・画像のチェック状況等を解説した上で、SEOに基づく記事量産方針が及ぼした影響及び著作権侵害問題に対するチェック体制の問題点を指摘する。各サイトの2016年11月時点のDAU及びSEO DAU（Google等の検索エンジンを経由したDAU）、公開記事数、文書や画像の無断利用に関するクレーム数などは、表3-1のとおりである。

　なお、10サイトすべての状況を本文中で解説するのは煩雑であるため、基本事例としてiemo、例外事例としてMERY、そして最も悪質な事例としてWELQの3サイトを取り上げ、残りの7サイトの状況については、本章の末尾に【参考】として掲載する。

1 iemo

　iemoは、インテリアやリフォームなど「住」を対象とするサイトであり、2014年9月にDeNAに買収された。買収前のiemoの編集方針は、「SNS経由でユーザーの間で広まることを念頭に、記事内容の有益さや読み手の関心を引くかという点を重視した記事作成が行われており、Google検索からの流入を増やすためにSEOを意識して記事を作成するという発想は強くなかった」（第三者委員会報告書95頁）とされる。

　DeNAによる買収後にSEO重視の方針が指示されると、記事の質が低下する問題が発生した。これに対してiemoの編集長以下は、外部執筆ライ

表3-1 各サイトの状況

	iemo	MERY	CAFY	Find Travel	JOOY
DAU（2016年11月）	1,176,271	1,902,529	710,389	1,300,316	921,860
うち SEO DAU ※	786,518	758,891	624,555	1,100,473	822,352
比率	66.9%	39.9%	87.9%	84.6%	89.2%
月間公開記事数（2016年の平均）	1,491	5,713	1,341	1,103	2,049
公開記事累計数	49,943	152,683	22,660	41,306	35,112
文書無断利用のクレームの累計数	26	37	6	2	7
画像無断利用のクレームの累計数	141	611	30	37	17
医療に関するクレームの累計数	6	0	2	0	2

※ MERY についてはアプリ DAU

ターとの関係の再構築や良質な記事の奨励を図り，「SEO の観点を踏まえて作成された記事と，質重視の記事とがバランス良く共存する状態となり，SEO 一辺倒の運営方針に歯止めがかかったかに見えた」（第三者委員会報告書 96 頁）とされる。

しかし，2015 年 2 月に X 氏がキュレーション事業に参画すると，再び SEO 重視の方針が強化されたため，iemo の編集長は同 3 月に退職した。同年夏には，キュレーション企画統括部が SEO 重視の方針を明確化したことで，その傾向がさらに強まった。2016 年 6 月には，SEO DAU を伸ばすために，WELQ の編集体制を見習うこととなった。

2016 年 11 月末時点で，iemo には 223 人の外部執筆ライターが所属していた。公開記事の 80% 以上がクラウド執筆ライターによるものであり，一般ユーザーの投稿記事は約 5% であった。

1.1 テキストのチェック状況

iemo の執筆マニュアルには，「コピペでの記事執筆は絶対 NG!」「他サイトや書籍など，既存のすべての資料からの無断引用（コピーペースト）は絶対しないでください」「他サイトの情報をそのままコピーペーストして使用することは，他サイトのコンテンツを盗むことです」（第三者委員会報告書 102 頁）と明記されていた。

cuta	WELQ	GOIN	UpIn	PUUL	計	MERY 以外の計
305,663	2,798,034	203,991	364,862	191,704	9,875,619	7,973,090
272,393	2,504,500	182,607	328,227	160,412	7,540,928	6,782,037
89.1%	89.5%	89.5%	90.0%	83.7%	76.4%	85.1%
951	2,793	783	1,021	502	17,747	12,034
14,355	35,197	10,594	12,724	6,973	381,547	228,864
5	25	0	4	0	112	75
12	9	14	3	0	874	263
0	81	0	0	0	91	91

（第三者委員会報告書に基づき筆者作成）

　記事内容については編集担当者が確認していたが，コピペに関しては，「編集担当者が一読し，コピペが疑われると感じた場合に限り，無償のコピペチェックツールを用いて大まかなチェックを実施するといった程度」（第三者委員会報告書102頁）にとどまっていた。2016年6月以降は，前述のとおりWELQの編集体制を見習って，外部編集ディレクターに全記事の内容確認をさせる方式に変更された。

　iemoでは，2016年11月末までにテキストの無断利用に関して26件のクレームがなされ，記事の削除又は非公開化の措置が取られていた。また，内容確認の際にコピペが発覚した記事に対しては外部執筆ライターに修正を指示し，さらに悪質なケースでは，当該外部執筆ライターへの業務委託を打ち切っていた。

　iemoでは，コピペ問題が顕在化したことにより，コピペチェックを強化する対策を実施していた。2016年1月から，カスタマーサービス（CS)[1]が2週間に1回の頻度でランダムに選択した記事を有料のコピペチェックツールにかけ，その結果をiemo編集部に報告した。2016年7月以降は，グロースハック部が独自にコピペチェックツールを整備したことを受けて，コピペチェックの依頼先を同部に変更し，比較対象とされた他サイトの記事との重

---

[1] DeNAのシステム本部内に設置されたクレーム対応部署。

複率を判定してもらうようになった。それでも五月雨式にテキスト無断利用のクレームが発生しており、抜本的な解決策が必要とされる状況であった。

1.2 画像のチェック状況

　DeNA による買収後、前述（第 2 章 1.3.1 参照）の法務 DD の指摘を踏まえ、iemo では記事に挿入する画像を直リンク方式に変更した。その一方で、サムネイル画像[2]については、自動的にサーバ保存する仕様としていた。その理由については、「直リンク方式とすると画像の読込速度が遅くなり、ユーザーにストレスを感じさせるという問題点を踏まえ、記事内の画像を直リンク方式としていればサムネイル画像をサーバ保存としても大きな問題にはならないであろうという iemo のエンジニアら開発現場による独自の判断で実施された」（第三者委員会報告書 105 頁）とのことである。

　また、iemo の記事作成システムでは、画像のチェックに関してブラックリスト方式[3]を採用していたため、ブラックリスト以外のサイトの画像に対するシステム上のチェックは存在しなかった。また、外部執筆ライターが画像（必ずしも当人が権利を有しているとは限らない）をサーバにアップロードして利用することに対しても制限がなかった。iemo では、インターネット上の画像をダウンロードしない、有名人や芸能人が写っている画像を使用しないなどのルールを定めていたが、これらのルールが守られているかどうかについては、編集側が個別に確認する以外に方策がなかった。

　iemo では、2016 年 11 月末までに画像の無断利用に関して 141 件のクレームがなされていた。特に 2016 年には、画像無断利用のクレーム数が最低の月でも 4 件、最高の月では 17 件に達しており、抜本的な解決策が必要とされる状況であった。

1.3 薬機・医療関係記事のチェック状況

　iemo では、健康・美容・栄養などの薬機・医療関係記事も一部掲載して

---

[2] 画像の通信にかかる時間を短縮するなどの理由で元画像を縮小加工したもの。
[3] ブラックリストに登録されているサイト（競合キュレーションサイトなど）から、画像を挿入できないようにする仕様。

いた。そのため，執筆マニュアルでは，「「人体に影響のある内容」の項目には，引用元のウェブサイトのタイトルと URL を入力すること，治療，予防，診察，検査など本来医療機関に判断を求める必要があることに該当する場合は断定表現を使用しないこと，読者が不安になるような表現を用いないこと」（第三者委員会報告書102頁）を指示していた。

iemo では，2016 年 11 月末までに薬機・医療関係で 6 件のクレームがなされていたが，記事に医師監修を付していなかった。また，医師監修の必要性について編集部内で特段の議論もなかった。

2 MERY

MERY は，若い女性の生活，特にファッションやヘアスタイルを対象とするサイトであり，2014 年 9 月に DeNA に買収された。同サイトを運営するペロリ社では，買収後も中川氏が代表取締役にとどまり，その運営に関しては守安氏の直接指揮を受ける（＝村田氏の指揮を受けない）など相当な独立性を認められていた[4]。買収時点で MERY が既に有力なサイトに成長していたことから，引き続き中川氏に運営を任せて，「MERY をこのまま圧倒的な強さを持つサイトに育て上げることで，DeNA の他のサイトも，MERY の成長に引っ張られる形で大きく成長ができることを期待」（第三者委員会報告書61-62頁）したのである。

MERY の記事作成の主力は「インターン」と呼ばれる女子大生たち[5]であり，記事全体に占める比率は44.3％に達した。その他では，提携先企業の記事が17.8％，一般ユーザーの投稿が14.5％，タイアップ記事が13.7％であり，外部執筆ライターによる記事はわずか8.9％にすぎなかった。

このようにインターン中心の執筆体制となったのは，「プロのライターにはユーザーと同じ目線になることができない。ユーザー目線のインターンが自分の好きなものについて自由に書くことでニーズを生み出す記事になる」

---

[4] 子会社3社のうち iemo 社と Find Travel 社は，DeNA と同じ事業所で業務を行っていたが，ペロリ社だけは DeNA とは別の建物に所在していた。

[5] MERY の発足時に，中川氏の知り合いの女子大生がボランティアとして記事を執筆したのが始まりであり，次第に人数が増え，ペロリ社に出勤して時給制で働くようになった。

との中川氏の考えによる。ちなみに，2016年11月末時点で，MERYには約140人のインターンと201人の外部執筆ライターが所属していた。

　守安氏は，MERYに対してもSEO DAUや売上高の目標を指示し，記事にSEO施策を取り入れるよう繰り返し求めた。しかし中川氏は，「MERYのブランド力を高めるためには，MERYのコンセプトに合うブランド力を持つ企業のタイアップ広告を重視すべきであり，守安氏の上記施策はMERYのブランド力を損ない，結果的にユーザー離れ，広告離れを招くと考えていた」（第三者委員会報告書112頁）とされ，守安氏を説得して自らの方針を貫いていた[6]。守安氏はそれに納得したわけではなかったが，MERYはスポンサー関連の記事（提携先企業の記事とタイアップ記事）の比率が約3割と他のサイトと比べて非常に高く，タイアップ広告の売上が伸びていたことから，中川氏に任せる形となっていた。

　MERYは，2015年5月にアプリをリリースして，ユーザーをアプリに移行させることに注力した[7]。このアプリを用いれば，ユーザーが検索エンジンを経由せずに直接アクセスできたことから，SEOに注目する意味は低下した。その結果，「2016年（平成28年）に入ると，MERYはウェブサイトのSEO DAUについてはほとんど重要視しなくなり，記事数についても，質を保つことのできる範囲で多く作成できればその方が良いという程度にしか捉えていなかった」（第三者委員会報告書113頁）とされる。

　以上のとおりMERYではSEO施策を重視せず，インターンに自由に執筆させることを基本方針としていた点で他のサイトと大きく異なっていた。記事のテーマを編集側が指定することはあったが，インターンが興味を抱いたテーマを優先してよいとされ，また，記事構成（見出し）を編集側が指定

6　MERYでも，外部執筆ライターの記事については，ある程度SEOを意識していたが，「SEO施策ばかりを意識してキーワードを詰め込んだだけの長文記事などはMERYの記事としてふさわしくないと考えていたため，読み物として成立することを優先していた」（第三者委員会報告書111頁）とされる。

7　「アプリはウェブサイトに比べて固定ユーザーを作りやすく，運営者側からユーザーに対して働きかける機能を実装することが可能である（中略）ユーザーは，この機能を使用することにより，気に入った記事，画像及び商品をアプリ上でストックすることができ，実際に店舗で買い物をしたり，ネイルサロンでネイルデザインを決定したりする際に，ストックした記事等を参照することができる。また，ユーザーが「LOVE」機能を使用することにより，ペロリ社では単なるウェブページへの訪問数よりもユーザーの嗜好を明確に把握することが可能となり，記事作成方針の検討や広告営業に生かしていくことができる」（第三者委員会報告書112頁）。

することはなかった[8]。

2.1 テキストのチェック状況

　MERYでは，インターン同士で記事の執筆方法を教え合っていたため，執筆マニュアルはそれほど具体的ではなく，コピペについても記載が無かった。インターンが執筆した記事については，編集担当者や経験の長いインターンが内容を確認していたが，読み物としての完成度をチェックすることが中心であり，コピペチェックは行われていなかった。「（インターンの仕事は，）自分の好きな物やサービスに対する思いを表現した記事を執筆することであったため，そもそも他のウェブサイトからのコピペで記載されるようなものではないと考えられていた」（第三者委員会報告書118頁）ためである。

　外部執筆ライターの記事については，編集担当者が内容を確認する際に，コピペチェックが行われることもあった。しかし，「突然文体が変わるなど明らかに不自然な部分を含む記事があった場合のみ，その記事の中の該当する表現のみをGoogle検索にかけ，同一表現のあるウェブサイト等の有無を確認する方法によって行われ」（第三者委員会報告書118頁）ており，コピペチェックツールを利用していなかった。

　MERYでは，テキストの無断利用に関して，2016年11月末までに37件のクレームがなされ，特に2015年9月以降は五月雨式にクレームが発生し，コピペ問題が顕在化していた。そのためMERY編集部では，2016年7月に「コピーコンテンツ禁止マニュアル」を作成したが，それを運用する前に本事件が発覚した。

2.2 画像のチェック状況

　MERYでは，前述（第2章1.3.1参照）の法務DDの指摘を踏まえ，既存

---

[8] 「実際の読者である若い女性たちに近い位置にいるインターンたちが，自由に楽しんでコンテンツ制作を行う環境を作り出したことで，ほかの追随を許さない人気サービスへと発展した。もし中川氏が守安氏の指示どおり，SEOを徹底した記事テーマ設定，内容などで記事を作成させていたならば，MERYはここまでの人気を得られなかっただろう」（東洋経済オンライン2017年3月14日記事「MERYは守安氏に従わなかったから成功した」〈https://toyokeizai.net/articles/print/162799〉）。

の記事の画像について直リンク化処理を実施した。しかしその直後から，「画像の引用元のウェブページ等の運営元から，MERYのウェブサイトからのトラフィックの集中により，サーバがダウンしてしまったなどというクレームが相次いだ。また，買収の条件交渉の際に懸念されていたとおり，直リンク方式により表示された画像の表示速度が低下したり，引用元のウェブページ等で画像が差し替えられたことにより，MERYの記事に執筆ライターの意図とは異なる画像が表示されてしまった」（第三者委員会報告書125頁）などの問題が発生した。

そのためMERYでは，記事作成システムの仕様を変更せず，新規の記事については引き続き画像をサーバ保存することにした。ペロリ社内では，買収前の記事を直リンク方式としたことをもってDeNAの要求に反してはいないと整理した。この件については，「何らかの形でDeNAに伝えており，DeNAも了承していると認識していたが，本調査を通じて，DeNAにおいてそのことを認識していた者の存在は確認できなかった」（第三者委員会報告書125頁）とされ，何らかの意思疎通の不備があった模様である。ちなみにDeNAでは，買収後の監視を怠っていたため，この問題行為に気付いていなかった。

MERYでは，芸能人の画像や雑誌の写真を利用することをマニュアルで禁止するとともに，過去にクレームがあったサイトから画像を挿入できないようにするブラックリスト方式を採用した。外部執筆ライターに対しては，2015年1月にホワイトリスト方式[9]が導入され，提携サイト以外からの画像利用が禁止された。2016年9月にはインターンもホワイトリスト方式に変更したが，MERYによる画像の無断利用に対し使用料の支払いを求めるクレームがなされたことがその契機であった。

サーバへの画像のアップロードについては，外部執筆ライターは禁止されていたが，インターンに対しては認めていた。なお，MERYの記事作成システムは，アップロードの際に著作権侵害でないかどうかを確認する注意喚起の文言が表示される仕様になっていなかった。

---

[9] ホワイトリストに掲載されているサイト以外から画像を挿入できないようにする仕様。

構成案を作成し，同構成案に基づき外部執筆ライターが記事を書き，その記事の内容を外部編集ディレクターが確認するという手順であった。キーワードの選定を除く記事作成の全行程を外部に依存していたことになる。

　こうした手法は他のサイトにも見られたが，WELQでは最も徹底してマニュアル化を実施したことから，キュレーション企画統括部では「WELQ式手法」と呼んだ。2016年におけるWELQの月平均公開記事数は，MERYを除き最多の2,793件に達した。

　WELQが記事量産システムを構築した事情については，「MERY，Find Travel及びJOOYのように，ユーザーに一定の価値観を提供する「世界観型」のサイトとは異なり，WELQは，ユーザーが知りたいと思っている情報を提供する「機能型」のサイトであるところ，そこでは，記事の内容に「WELQ」的世界観や「WELQ」的色彩といったものが求められない。また，WELQが対象とする健康，医療等の領域は，記事内容の正確性を担保しようとすれば，専門的知見による裏付けが必要な領域であるところ，WELQチームの編集担当者には，そのような知見を有した者は誰一人としていなかった。これらの事情が相まって，WELQチーム全体の意識として，おのずと記事に対する編集担当者としての「こだわり」が薄れていき，記事を機械的に生産して「数」を稼ぐことのみを追い求める土壌が形成されていった可能性は否定できない」（第三者委員会報告書169-170頁）とされる[11]。

　2016年11月末時点で，WELQには496人の外部執筆ライターが所属し，同時点の公開記事の約90％が外部執筆ライターによるものであった。

3.1 テキストのチェック状況

　WELQ及びGOIN・UpIn・PUULの4サイトは，2015年8月からサービスを開始する予定であったが，村田氏の指示により，「2015年（平成27年）7月頃から，各サイトのPOとともに法務部の担当者に相談した上で，法的観点及び倫理的観点から全記事内容の確認を開始した」（第三者委員会報告書70頁）とされる。さらにサービス開始後も，「毎月，法務部及びキュレー

---

[11] それ以外の事情として，WELQの執務スペースが狭隘で編集担当者の人数を増やせなかったことが，外注化を促進したとされる。

実際の画像チェックのやり方は，編集担当者が記事内容を確認する際に，引用元のウェブサイトを確認するというものであった。しかし，インターンについては，「MERYでは1記事当たりの画像の枚数が多かったため，その確認方法は，1つの記事のうち最初の数枚を確認し，それで問題が見つからなければ，それ以降の画像については確認を行わないというのが実態であった」（第三者委員会報告書122頁）とされる。2016年7月以降は，ペロリ社開発部のエンジニアが画像の引用元を全て確認するシステムを導入し，ブラックリストに登録されているウェブサイトの画像が見つかった場合には記事ごと削除していた。

　MERYでは，画像の無断利用に関して，2016年11月末までに611件のクレームがなされていた。特に2016年には，画像無断利用のクレーム数が最低の月でも18件，最高の月には67件に達しており，抜本的な解決策が必要とされる状況であった。

■ 3 WELQ

　WELQは，美容・健康・医療を対象とするサイトであり，2015年10月にサービスを開始した。同サイトでは，記事数やSEO DAUの目標値を達成することが一貫して至上命題とされていた。その背景として，「他の内製サイトの伸び悩みを補って，キュレーション事業全体に設定されたSEO DAU等の目標値を達成するため，サービス開始後短期間のうちに急成長を遂げた同チームに，いわば「寄せられる」形で高い目標値が設定された」（第三者委員会報告書168頁）とされる[10]。

　WELQには前述（第2章2.3.1参照）の量産チームの担当者が投入され，記事の量産のために記事作成プロセスの効率化を追求し，2016年1月頃までに「記事作成の全工程の外注スキームの構築」及び「記事作成プロセスの徹底的なマニュアル化」を達成した。具体的には，編集担当者及びグロースハック部が作成したキーワードのリストをもとに，外部構成ライターが記事

10　WELQに対するSEO DAUの目標値は，2015年12月27,000（達成値18,399），2016年1月55,800（同70,211），同2月96,000（同162,279），同3月140,000（同240,377）と急増していた。

ション企画統括部内の事業推進担当者によって，4サイトの記事を無作為に抽出して，その内容を抜き打ちで確認（した）」（前同）とのことである。この抜き打ち記事チェックでは，明らかに不適切な記事は発見されなかったことから，2016年1月にチェックを終了した。

以上のとおり記事内容の初期チェックを実施した理由は，「WELQ はヘルスケア，UpIn は金融関係，PUUL はエンターテインメントと，法規制の厳しい領域を取り扱っているため，法務部からの要請もあり，その必要性が認識されたからであった」（前同）とされるが，テキストや画像の適切性についても併せてチェックが行われた。

WELQ の執筆マニュアルには，「他のサイト様のコピペで記事を執筆するのは著作権法にふれるため，厳禁です」「読者が見比べたときに『ここのサイトから持ってきたんだろうな』と，特定のサイトが判断できるものはコピーに該当します」「弊社のシステムで精密なコピーチェック判定をしております。発覚した場合はお仕事のご依頼停止および報酬のお支払い対象外になります」と明記していた（第三者委員会報告書180頁）。

その一方で，記事構成案に「ライバルサイト URL」を記載し，外部執筆ライターに提示した上で，「参考サイトに類似しない本文作成のコツ」として，「中見出しごとに複数サイトを参考して複数意見を寄せ集めれば"どこを参考にしたかすぐ分かる"状態ではなくなり，独自性の高い記事になります」[12]「事実を参考にするのは OK ですが，表現は参考にせずご自分の言葉，説明の順序で説明してください。執筆前に内容を『事実』と『表現』に単語単位で分解してみてください」[13] と執筆マニュアルに記載していた（第三者委員会報告書181頁）。なお，こうしたマニュアルの作成や改訂に当たって，

---

[12] WELQ の「日焼け 濡れタオル」記事には，日焼け後の対処法として，「氷による冷やし過ぎで，水ぶくれができてしまう可能性がありますので，流水，もしくは濡れタオルで20分ほど冷やしましょう」との記述があるが，当該部分で参照元に掲げられたブログにはタオルを用いた対処法の記載がない。第三者委員会が調査した結果，別の参照元のサイトに「タオルの上から氷嚢を当てるとよいです」との記述があり，クラウド執筆ライターが両方をつなぎ合わせて当該部分を執筆したと推定された（第三者委員会報告書188頁）。

[13] 第三者委員会報告書では，WELQ の執筆マニュアルで「参考サイトの文章を，事実や必要な情報を残して独自表現で書き換えるコツ」と紹介された2件の具体例を引用している（同181-182頁）。そのポイントは，参照元の文章を『事実』と『表現』に分解して，『事実』はそのまま残し，『表現』だけを書き換えること（例：「〜などの治療である」→「〜といった処置や治療が望ましいとされています」）である。

法務部担当者の確認を受けることはなかった。

　実際の記事作成でも、「チャットツール上でなされたWELQチームの編集担当者と外部者とのやり取りの中には、WELQチームの編集担当者から外部者に対して「WELQと該当サイトを照らし合わせると、中々言い換えをしっかりしていると見受けられたので（本文の流れ・構成も変えている）、コピペとみなさなくて大丈夫です」などと、特定の記事の記載が、執筆時に参考にした他のウェブサイトの文章の言換えとして十分であるとか、「表現が同じですので、Google 2ページ目のサイトなども参考にして、独自の表現に直してください。」などと、更なる言換えが必要である旨の指示がなされているものが発見」（第三者委員会報告書182頁）されており、WELQ編集部がコピペ批判を回避するための表現の書き換えを外部執筆ライターに指示していたことは明らかである。

　2016年2月以降、WELQ記事がGoogle検索結果の上位を独占するようになると、コピペ問題がGoogle側に注目されることを懸念し、「WELQチームでは、WELQの記事と外部のウェブサイトの記事の類似性を低くして、WELQの記事の検索結果の順位を上位に保つことを目的として、公開済みの記事について、表現方法を修正したり、記事構成を変更したりするなどのリライト作業を重点的に行った。これは、WELQにおいて「ブラッシュアッププロジェクト」と呼ばれていた」（第三者委員会報告書173頁）とされる。

　WELQでは、記事内容を確認する外部編集ディレクターに対して、当初はコピペチェックを求めていなかったが、テキストの無断利用についてのクレームが増えたことを受けて、2016年9月頃からチェックを指示するようになった。しかし、WELQではマニュアル化を徹底していたにもかかわらず、コピペチェックのやり方やコピペの評価基準を示すことはなく、コピペチェックが適切に行われているかどうかの確認も行われなかった。

　WELQでは、2016年11月末までにテキストの無断利用に関して25件のクレームがなされていた。

3.2 画像のチェック状況

　WELQでは，ブラックリスト方式を採用する一方で，提携サイトの画像を利用することを原則としており，直リンク式や外部執筆ライターによる画像のアップロードを禁止していた点で他の内製サイトと異なる。前述のとおりWELQが情報提供を主眼とする「機能型」のサイトであったため，画像のイメージに拘る必要性が乏しかったためである。外部編集ディレクターが記事内容を確認する際に画像についても個別にチェックが行われ，禁止されていたアップロード画像を発見した場合には，提携サイトの画像などに差し替えていた。

　WELQでは，2016年11月末までに画像の無断利用に関して9件のクレームがなされていた。公開記事累計数を勘案すると，他サイトと比較して画像関係のクレームが少ない。

3.3 薬機・医療関係記事のチェック状況

　薬機・医療関係を取り扱うWELQでは，サイト立ち上げの準備段階から，関係法令に抵触するリスクや健康被害が発生した場合の訴訟リスク等が問題視されていた。法務部では，「医療に関する記事を作成するのであれば医師監修を付けるか，医師監修を付けないにしても明示的に引用をしてほしい，そして，どちらの方法で記事を作成するかは，事業部において判断してほしい」（第三者委員会報告書71頁）との見解であった。

　こうした議論に基づき2015年10月に作成されたのが，「薬事法・医療に関する記事作成フロー」である。なお，同フローの作成過程で法務担当者に意見を求めたが，内容について法務部の確認を受けたわけではなく，キュレーション事業責任者の村田氏に承認を求めることもなかった。

　この「薬事法・医療に関する記事作成フロー」の基本は，以下のとおりである。

- 薬機法関連記事について　「薬機法に抵触しない記載方法にすることを第一に目指すこととした上で，薬機法に抵触しないかが問題となりそうな記事を作成する場合には，CSにチェックを依頼し，必要に応じた修正をする」（第三者委員会報告書163頁）。

- 医療関連記事について 「①医師監修済みの情報ソースが利用された記事の場合には，そのまま公開し，②医師監修がない記事の場合には，該当パラグラフについて医師監修を受け，医師監修済みである旨を記事に明記するか，③あるいは掲載しない」（前同）。

さらに「薬事法・医療に関する記事作成フロー」によれば，WELQ に先立ってサービスを開始した CAFY・JOOY・cuta についても，「「薬事法関連記事」については，CS に確認を依頼し，その結果を踏まえて記事を修正すること，「医療関連記事」については，各 PO が医師監修の有無を確認し，医師監修がない場合には，医師監修を受けた記事に差し替えるか，記事を削除すること」（第三者委員会報告書 163-164 頁）とされた。

これに対して WELQ 編集部では，「薬機・医療関連記事につき，医師等の専門家の監修を付けることは，記事作成にかかる工数が多くなり，記事の大量生産という事業モデルにそぐわない，かつ，コスト的にも見合わない[14]などの理由で見送ることとした。その結果，（中略）医師等の専門家の監修が不可欠とは思われないライトヘルスケア系の記事，すなわち，ダイエットや筋トレ等を題材にした記事のみを作成して，このようなライトヘルスケア系の記事を中心としてサービスを開始する」（第三者委員会報告書 72 頁）との方針を示した。

WELQ のサービス開始時にはこの方針にしたがって業務を進めていたが，記事数や SEO DAU の目標値の引き上げが求められたことから，WELQ 編集部では，「医師監修を経ていない，内容の正確性に疑義のある記事が作成されてもやむを得ない」（第三者委員会報告書 174 頁）との方針に転じ，医師監修に依拠しない薬機・医療関係記事を掲載するようになった。その一方で，外部執筆ライターの多くは薬機・医療関係について素人であった上に，WELQ の編集担当者にもこの分野の専門知識がなく，内容面のチェックがまったく行われていなかった[15]。

---

14 「医師等の専門家の監修を付けると，記事作成に要するコストは，当時キュレーション企画統括部から設定されていた，1 文字当たりの費用に比べ，想定以上に高くなることが判明」（第三者委員会報告書 71 頁）したとされる。

15 「10 本以上書いたあたりで，あることに気が付いた。welq で記事をチェックしている人たちは医療のことも病気のことも知らない，ということである。強烈なダメ出しは「キイワードが入っていない」とか「構成が指示通りではない」とか，医療や病気の本質とは全く関係のないこと

WELQでは，薬機・医療関係記事について，2016年11月末までに81件のクレームがなされ，そのうち75件が同年7月以降に集中していた。そのため，同年9月頃からあらためて医師監修について検討を開始した。この検討が行われる契機となったのは，「WELQチームの業績拡大が社内で評価され，ある程度のコストをかけて記事を作成することが容認された」（第三者委員会報告書174頁）ことであり，それまでは医師監修に要するコストが障害となっていたことを示唆している[16]。

 WELQでは，同10月にクラウド執筆ライターによる新規の薬機・医療関係記事の執筆を中断した。医師の派遣会社や産業医の登録会社などと交渉を進めた結果，早ければ2016年12月から医師監修を付することを予定したが，その前に本事件が発覚した。

3.4 薬機・医療関係の問題記事

 薬機・医療法規に違反する疑いがある記事の具体例は以下のとおりである。

- 咳止め市販薬に関する記事 「その効能効果について，同製品の製造販売元が公開する添付文書に記載されていない記述や，同製品の安全性に関する誤認を生じさせる可能性のある記述がなされており，薬機法66条が禁止する医薬品等の広告規制に該当する可能性がある」（第三者委員会報告書245頁）。
- 妊娠時のサプリメントに関する記事 「医薬品等の効能効果を標ぼうす

についてなのである。そして大量のライターの存在である。有象無象，玉石混交，多勢に無勢，とにかく素人集団に少し医療のことが分かっている人が混ざっている，といった状況である。（中略）1度たりとも，（執筆の参考とした）大学病院のサイトと，私が書いた記事の内容が整合性が取れているかどうかについて，welqの人たちとやりとりしたことはない。（中略）私の見立てでは，welqの人たちは「参考サイトを見ていない」というレベルではなく，「参考サイトを解読できない」レベルだと思う。繰り返しになるが，私がそう思うのは，医学的な見地に立った修正指示や疑義照会が，1度たりともなかったからである」（「元welqライターからの告発」〈http://howardsend.cocolog-nifty.com/blog/2017/01/welq20161126-4f.html〉）。

[16] 「WELQが扱う医療・健康の領域は，高い専門性が求められるがゆえに，情報の正確性や適切性が何よりも求められる領域であって，それを確保するためには相応のコストをかける必要があった。そのようなコストや手間を厭い，情報の正確性や適切性を犠牲にすることなどあってはならないことであるのに，収益性の観点，すなわち多くのユーザー数を見込めるという理由を優先させ，情報の正確性や適切性を後回しにして，ひたすらDAUを追い求めてしまった最たる例が，WELQであったように思われる」（第三者委員会報告書266頁）。

るものであるから，このサプリメントが未承認の医薬品等に該当するとともに，特定の製品について，顧客を誘引する意図で記載されたものであると認められ，薬機法68条が禁止する未承認の医薬品等の広告に該当する可能性がある」（前同）。

- 「日焼け　濡れタオル」記事（本章3.1注参照）「特定の病院又は診療所に関し，「アトピー性皮膚炎に強い」などと，医療法6条の5第1項各号に定められていない事項について広告をしていることから，同項に違反する可能性がある」（前同）。

- 水素水に関する記事　「「水素水は活性酸素を除去する他に，運動すると溜まる乳酸を溜めない効果があり，筋肉疲労を防ぐ効果もある」などと，実証されていない健康保持増進効果等を表示していることから，著しく事実に相違する表示をし，又は著しく人を誤認させるような表示に該当する可能性があり，健康増進法31条1項に違反する可能性がある」（第三者委員会報告書245-246頁）。

なお，薬機・医療関係記事に対するクレームのうち，健康被害が具体的に指摘されていたのは，「ムカデ」記事の1件だけであった。同記事では，ムカデに噛まれた場合の対処として，「46〜50度ほどの熱いお湯をシャワーであて続けるようにして下さい」と記載していたところ，病院の救急担当者から，「最近，老人，新生児など，ムカデにかまれて，さらにやけどをしてくる方がとても増えています」「ムカデ毒が熱に弱いのは試験管の中の話で，（中略）なによりやけどをおこし，また熱で血管が拡張して毒が全身にまわります」とのクレームを受けていた（第三者委員会報告書185-186頁）。

3.5　その他の問題記事

前述の記事以外に，第三者委員会報告書が問題点を指摘した記事は，以下の2件である。

- 「肩が痛い　幽霊が原因」記事　WELQでは，肩こりがひどい原因の一つとして，幽霊を掲げる記事を掲載していた。SEOのためにGoogleで「肩が痛い」を検索したところ，「予測キーワードの1つに「霊」と表示されていたことから，同担当者において，「肩こりの原因」をテーマと

する記事の小見出しの1つとして,「幽霊が原因のことも?」という項目を盛り込んだ記事構成案を作成」して, クラウド執筆ライターに執筆させたものである (第三者委員会報告書187頁)。
- 「死にたい」記事[17] この記事は,「死にたいと思う人は承認欲求が強い」→「自己承認力を高めるには自己分析が重要」→「自己分析には転職サイトの「キャリア診断テスト」がおススメ」という論法で, 転職サイトのアフィリエイト広告に誘導するものであった。広告のために「自殺」というセンシティブな内容を取り扱うこと[18], さらに心理的に追い込まれている閲覧者にとって安易な自己分析を提示するのは危険であることなどが批判された (第三者委員会報告書186-187頁)。

■ 4 SEO重視方針に対する各サイトの反応

　SEO重視の記事量産方針に対する各サイトの方針の変遷は, 表3-2のとおりである。独自路線のMERYを除く9サイトのうち, iemo・CAFY・cuta・PUULの4サイトは, 当初は記事の質を重視していたが, 後にSEO重視に転じた[19]。これらの方針転換は, いずれもキュレーション企画統括部からの圧力によるものであった。

　注目すべきは, サイトの方針転換のいずれもが, PO (POが設置されていないiemoでは編集長) の異動を伴っている点である。各サイトのPOは大きな裁量権を委ねられており, POを交代させなければ大幅な方針変更を

17 　正規のタイトルは,「【死にたいと思ったときに試して欲しい7つの対処法】人生に疲れたな, と思ったとき。自分の深層心理と7つの対処法」である。
18 　「WELQチームには, アフィリエイト広告を掲載するのが相当でないと考えられる記事やアフィリエイト広告の掲載方法等を定めたマニュアル等は存在せず, どの記事にどのような内容の広告を掲載するかの判断は, メディア統括部コンテンツマーケティンググループの担当者の裁量に委ねられていた」(第三者委員会報告書179頁)。
19 　方針転換の具体例として, cutaの外部執筆ライターは,「cutaは子育て中のママたちの力になりたいという理念がしっかりと存在し, 読者に対してもライターに対しても誠実だった。しかしその後, タイトルになるキーワードをグーグルで検索し, 表示された上位10記事をまんべんなく読み, そこで出てくるものが読者のほしい情報なので, それらを網羅して記事を書くこと, 読む人が1つの記事だけで満足できるような良いまとめ記事に仕上げるよう指導された。他の記事を許可なくまとめるという行為自体にグレーな印象を受けたし, ライターのオリジナリティもあまり求められていないと受け止め, ショックだった」(第三者委員会報告書238頁)と証言した。

表3-2 各サイトの方針の変遷

サイト	方針
iemo	質のバランスに配慮→2015年2月にSEO重視に転換
MERY	一貫して独自路線
CAFY	質の重視→2015年9月にSEO重視に転換
Find Travel	当初からSEO重視
JOOY	当初からSEO重視
cuta	質の重視→SEO重視→質の重視→2016年7月にSEO重視に再転換するも、依然として質に対するこだわりを保持
WELQ	当初からSEO重視
GOIN	方針不明確→2016年4月にSEO重視
UpIn	当初からSEO重視
PUUL	質の重視→2016年4月にSEO重視に転換

（第三者委員会報告書に基づき筆者作成）

徹底できなかったためと考えられる。言い換えれば、少なくともサイト立ち上げの段階では、POの果たすべき役割についての認識が統一されておらず、POがその個性を発揮することが可能だった[20]。

ちなみに、妊娠・出産・子育てをテーマとするcutaは、WELQと同様に医療関連記事も取り扱っていたが、医療関連のクレームはゼロであった。サービス開始から2016年3月までの2人のPOが子育て中の母親であったことから、cuta編集部には記事の質を重視する姿勢が根付いており、SEO重視の方針に転換してからも、質に対するこだわりが維持されていたと考えられる（本章【参考】4参照）。

■ 5 チェック体制の問題点

キュレーション事業に関しては、当初から著作権侵害のリスクが指摘され

---

[20] 「本調査においても、POの役割については、各サイトに設定されたSEO DAUや記事数といった目標値を達成する責任を負う点ではおおむね一致しているものの、それに加えて、各サイトで作成する記事の編集についても積極的に関与すべき役割を負うと考えているPOもいれば、記事の編集はPO以外の編集担当者に委ね、自身は目標の達成に向けた体制の整備に注力するのが役割であると考えているPOもいた。また、SEO DAUや記事数といった目標値の達成と、作成する記事の質を維持することのジレンマに思い悩むPOもいれば、目標値の達成を第一義に考え、記事の質の維持にさほどこだわらないPOもいた」（第三者委員会報告書214頁）。

ていたことから，各サイトの編集部で記事内容や画像について所要のチェックを実施することが不可欠であった．しかし，以下の問題点によりチェック機能が低下していたと認められる．

5.1 方針の不在

MERY以外のサイトでは，執筆マニュアルでテキストのコピペを禁止していた．しかし実際の対応では，サイトごとあるいは編集担当者ごとに相当な差異が存在した模様である（第三者委員会報告書235-236・238頁）．

- 「WELQのマニュアルには，コピペ厳禁で編集部がチェックすると書かれていたが，実際に編集部のチェックを受けると，画像の差し替え依頼や記事のボリュームの訂正依頼がほとんどで，コピペや文章の表現，誤字脱字のチェックは一度もなかった」．
- 「WELQは，ノルマがきつく，運営側との意思の疎通もできなかった．記事のチェックも，差し戻しはなく，感想もなかった．一方，Find TravelやJOOYでは，記事は厳しくチェックされていた」．
- 「コピペ推奨などあり得ない．むしろその反対だったと思う．cutaの編集部の人は，すごく情熱を持ってやっていた」．
- 「CAFYとUpInに関わったが，コピペについては厳重な注意がされていた．他社よりも文章についてのチェックはしっかりされていた」．
- 「担当者によって言っていることが全く違う．他のウェブサイトを参考にするのは良いが，コピペはNGと言われていたが，その後，検索結果上位の参考サイトを3つ以上明記し，類似する内容を記載するよう指示された」．

以上の証言は，著作権侵害問題に関して，各サイトで個別に対応していたこと（＝キュレーション事業全体としての方針が示されなかったこと），さらにサイトの編集部内でも方針が必ずしも明確でなかったことを示唆している．ちなみに，実際にコピペを発見して，外部執筆ライターに対し業務委託打ち切りなどの処分を課していたことが確認できるのは，iemo・GOIN・UpInの3サイトだけであり，コピペ禁止が建前にとどまっていたケースが少なくなかったと推察される．

5.2 コピペ対策のばらつき

前述（第2章5.1参照）のとおり，コピペの際に文章の一部を書き換える行為が散見された。そのため，コピペチェックでは，一致度がどの程度までをコピペと認定するのか線引きが必要となるが，コピペ判定の具体的な基準を設定していたのは，JOOY・UpIn・PUULの3サイトにとどまった。また，コピペチェックの実務には専用ツールの活用が不可欠[21]であるが，編集部によるコピペチェックツールの利用状況は以下のとおりであった。

- iemo（一部のみ。無料ツール[22]利用）
- Find Travel（一部のみ。ツール利用（無料かどうかは不明，Googleも併用））
- JOOY（一部のみ。無料ツール利用）
- cuta（一部のみ。ツール利用（無料かどうかは不明，Googleも併用））
- GOIN（一部のみ。クラウドソーシング企業から提供されたツールを利用（Googleも併用））
- UpIn（2016年10月からグロースハック部から提供されたツールを利用）
- PUUL（開始時期不明，グロースハック部から提供されたツールを利用）

さらに，他部署にコピペチェックツールによる検索を依頼していたケース（サイト共通の初期チェックを除く）は，以下の3サイトであった。

- iemo（一部のみ。2016年1月からCS，同7月からグロースハック部に依頼）
- CAFY（一部のみ。開始時期不明，グロースハック部に依頼）
- JOOY（2016年9月からグロースハック部に依頼）

おそらくキュレーション企画統括部は，前述（本章1.1参照）のとおり2016年1月にiemoでコピペチェック強化策を実施した辺りで，著作権侵害問題に対応する必要性をようやく認識したのであろう[23]。それを受けて，同

---

21 Google検索によりコピペの有無を調査することは不可能ではないが，チェック範囲や一致率の設定ができないなどの問題があり，日常的なコピペチェックには適していない。
22 ネット上で無料のコピペツールが提供されているが，文字数が制限される，検索の待ち時間が長いなど効率性の面で難がある。
23 キュレーション事業の責任者である村田氏は，DeNA執行役員に就任後もiemo社の代表取締役を兼任していた。

年7月頃にグロースハック部にコピペチェックツールを導入したと推察される。その一方で，事件発覚までに同ツールを実際に利用したのがiemo・CAFY・JOOY・UpIn・PUULの5サイトにとどまったことを勘案すると，ツールの利用が強く推進されたわけではなく，著作権侵害問題に対する危機感はそれほど大きなものではなかったように思われる。

5.3 ブラックリスト方式の採用

　JOOYの立ち上げに当たり，X氏が過去に著作権侵害問題を起こしていたことを懸念した守安氏と村田氏が，ホワイトリスト方式を採用するよう指示していた事実が認められる（本章【参考】3参照）。しかしそれ以外のサイトでは，画像の挿入に関して基本的にブラックリスト方式を採用しており，リスト外から挿入された画像に対するシステム上のチェックがなかったことが，画像関係の著作権侵害の多発につながった。

　守安氏と村田氏は，画像の著作権侵害のリスクを認識しており，その対策としてホワイトリスト方式が有効であると承知していたにもかかわらず，他のサイトに対して同様の指示をしなかったことになる。詳しくは後述するが，守安氏については，経営者としてのリスク管理能力が不足していたこと（第4章1.5.1参照），村田氏については，著作権保護に対する意識が低かったこと（第4章1.4参照）が原因と考えられる。

5.4 コピペを助長するマニュアル

　執筆マニュアルを最初に作ったのはCAFYであった。2014年12月にサービスを開始したCAFYは，記事作成のノウハウをiemoなど他のサイトの編集者から適宜教えてもらっており，そのノウハウを共有する目的で2015年3月にマニュアルを作成したとされる。同マニュアルの内容は，「画像の利用や記事のコピペに関する禁止事項も含まれていたものの，その大半は記事作成の方法等の技術的な内容ばかり」（第三者委員会報告書81頁）であった。

　その後に他のサイトでも執筆マニュアルを作成したが，各サイトは実務の運営を任されており，記事作成の手法もそれぞれが創意工夫していたため，

執筆マニュアルもそれぞれ独自の内容となった。「DeNA 内では，統一的な見解や基準に基づき，記事作成に関するマニュアルが作成されたわけではなく，各サイトにおいても，マニュアルが，会社の規程類のように，統一的な基準のもと，全てのサイトに等しく適用されるべきものという認識もなかった」（第三者委員会報告書 81-82 頁）とされ，編集担当者の手引きのような位置付けであった。

　執筆マニュアルの作成や改訂に当たって内容を精査することはなく，また，PUUL 以外のサイトでは，法務部に内容のチェックを依頼することもなかったため，マニュアルの一部にコピペ推奨と受け取られかねない文言が書かれたと認められる。ただし，少なくとも WELQ については，前述（本章 3.1 参照）のとおり記事量産の目的でコピペを推奨していた疑いが強い[24]。

　第三者委員会が外部執筆ライターに対して実施した調査では，回答者全体の 28.9％がマニュアルをコピペ推奨と感じていた（表 3-3 参照）。サイト別に見ると，WELQ の 66.7％が飛びぬけて高く，iemo の 36.4％と続く一方で，独自路線の MERY は 0％であった。

　なお，iemo・JOOY・cuta・WELQ では，外部執筆ライターに記事構成案を提示する際に，執筆に当たって参照すべきサイトを教示していた。当該

表 3-3 マニュアルの受け止め方

	iemo	MERY	CAFY	Find Travel	JOOY	cuta	WELQ	GOIN	UpIn	PUUL	計
コピペ推奨と感じた者／全回答者	4人／11人	0人／4人	2人／13人	1人／8人	1人／12人	4人／12人	8人／12人	3人／9人	3人／9人	2人／7人	28人／97人
比率	36.4%	0.0%	15.4%	12.5%	8.3%	33.3%	66.7%	33.3%	33.3%	28.6%	28.9%

※無回答者は除外　　　　　　　　　　　　　　　（第三者委員会報告書に基づき筆者作成）

---

[24] 第三者委員会報告書も，「CAFY 及び WELQ のマニュアルは，他のウェブサイトの記事中の文章を文節や単語単位で分割した上でこれを他の表現で言い換えるなどの方法により他のウェブサイトの文章を引用する方法を具体例を挙げて紹介していたり，他のウェブサイトの記事中の文章の一文節をそのまま引用する方法を具体例を挙げて紹介していたりするなど，その記載を客観的に見た場合には，著作権侵害であるとの指摘を免れるために，参考にした記事の特定を困難にするような形で，他のウェブサイトの記事中の文章を無断利用するための方法を指南し，コピペを推奨するものとの印象を与える余地のあるものであった」（同 248 頁）と認定している。

サイトからのコピペを実質的に奨励していると受け取られかねない行為であったが，Web 上のコンテンツを特定のテーマや切り口で読みやすくまとめるというキュレーションサイトの性質に鑑みると，それ自体は必ずしも批判すべきことではないように思われる。

5.5 編集担当者の不足と外部編集ディレクターへの依存

記事内容の確認作業については，以下に示すとおり多くのサイトで外部編集ディレクターを活用していた。例外的な MERY を除くと，テキスト無断利用のクレームが多いサイトほど，外部編集ディレクターへの依存度が高い傾向が認められる。

- 外部編集ディレクターに全面的に確認を任せていたサイト
  iemo（2016 年 6 月以降），JOOY，WELQ
- 編集担当者と外部編集ディレクターが横並びで確認を行っていたサイト
  CAFY，UpIn，PUUL（2016 年 5 月に外部編集ディレクターの利用を中止）
- 外部編集ディレクターが確認した記事を編集担当者が再確認していたサイト
  cuta，GOIN
- 外部編集ディレクターを利用しなかったサイト
  MERY，Find Travel

外部編集ディレクターへの依存度が概して高かったのは，サイトの採算面から編集担当者の人数を増やすことができず，量産される記事の内容確認を行うことが物理的に困難だったためである[25]。ちなみに，WELQ で徹底した外注化・マニュアル化が進められたのは，2015 年末まで同サイトの編集担当者が 5 人しか配置されていなかったため，そうせざるを得なかったとい

---

25 「DeNA が運営する 10 サイトにおいて，本問題に至る直前の 2016 年（平成 28 年）10 月に公開された記事数は 1 サイト当たり平均約 2,009 本，同年 11 月に公開された記事数は 1 サイト当たり平均約 1,875 本であった。一方，各サイトの編集担当者の人数は，サイトによって異なるものの，10 名以下しかおらず，編集担当者だけで記事内容を適切に確認することは物理的に困難であった。しかしながら，DeNA においては，コスト面から，編集担当者を増員しなかったため，記事内容の確認を含めた編集担当者の業務を外部者に委ねるか，安易なチェック体制を招くことになってしまった」（第三者委員会報告書 251 頁）。

う事情が大きい。

コピペチェックについては，外部編集ディレクターが実際にチェックしたかどうかを編集担当者が確認していたサイトは皆無であった。また，外部編集ディレクターに対する業務指導については，「マニュアルを作成して確認項目を定めていたサイトが多かったものの，マニュアルの記載は，「コピペの有無，画像の使用方法が正しいかをチェックする」などといった抽象的なものにとどまり，どのような場合に執筆ライターが執筆した記事を修正すべきかについて，具体的な基準を提示していないものがほとんどであった。さらに，（中略）随時外部編集ディレクターを指導する体制を一応整えていたサイトにあっても，実際の運用は，基本的に，外部編集ディレクターから問合せを受けた際に，その都度質問があった事項についてのみ個別に回答するという受動的かつ消極的なものであった」（第三者委員会報告書252頁）とされる。

このように外部編集ディレクターに対する確認や指導が不十分となっていた理由としては，前述（本章5.1参照）のとおり著作権侵害問題への方針が明確でなかったことに加えて，編集担当者の人数が不足していて，業務管理が困難であったことが挙げられる。

5.6 関係者の教育不足

社内教育については，「本調査を通じて，各サイトの編集担当者だけでなく，PO経験者であっても，キュレーション事業にとって基本的な法令であると考えられる著作権法やプロ責法に関する知識が極めて不十分である者が多数存在したことが判明した」（第三者委員会報告書249-250頁）とされる。ちなみに，外部編集ディレクターに対しても，著作権法や薬機法などの関連法令の研修などの施策はまったく行われなかった。DeNAのリスク管理部門が著作権侵害のリスクを認識していたにもかかわらず，後述（第4章2参照）するように受動的な姿勢であったことから，所要のコンプライアンス教育を実施しなかったと推察される。

5.7 専門家による監修の未実施

　CAFY・JOOY・cuta・WELQ・UpIn の 5 サイトの編集部では，薬機・医療関係記事などに対し，専門家による監修が必要ではないかとの問題提起がなされていた。このうち JOOY では薬機・医療関係記事を非公開にするという対応が行われたが，それ以外の 4 サイトでは監修は実施されず，あるいは一部実施にとどまった。その理由としては，記事の品質について関係者の意識が低かったことに加えて，専門家に監修を依頼するとコストがかかることや記事作成のペースが低下することが挙げられる。

5.8 事業推進部の職務懈怠

　キュレーション企画統括部には事業全般のコーポレート機能を担当する係が配置され，2015 年 10 月に WELQ・GOIN・UpIn・PUUL を同時に立ち上げた際には，法務部と協力して記事内容のチェックに当たった。さらに 2016 年 3 月には，サイトに共通する運営上の課題に統一的に対応する部署として事業推進部が設置された。

　キュレーション事業に関するクレームはシステム本部内の CS が受理し，各サイトの PO に報告するとともに，その内容や件数について月次報告を作成していた[26]。このうち対応が難しいクレームについては，PO が事業推進部に相談し，「事業推進部は，法務部と今後の対応方法を協議するなどして，各サイトの PO にクレーム対応方法を指示していた」（第三者委員会報告書 224 頁）とされる。

　以上のように事業推進部では著作権侵害問題の発生を認識していたが，同部が指示した対応方針は，基本的に「DeNA はプラットフォーム提供者としてプロ責法による免責を受ける」というものであった。キュレーション事業の実態がプラットフォームではなくメディアであることを事業推進部が理解していなかったとは考えられず，DeNA の責任を回避することを目的とした虚偽説明と批判せざるを得ない。ちなみに，この対応方針を指示されたサイト側には，「著作権侵害問題や記事内容の誤りについて DeNA は責任を

26　MERY だけは，ペロリ社内に独自の CS を設置していた。

負わない」という誤った理解が形成され，記事内容のチェックを軽視する傾向を助長した[27]。

　また，第三者委員会は，事業推進部が各サイトにおける執筆マニュアルの存在を認識しておらず，前述の月次報告についても村田氏や経営幹部にほとんど報告していなかったと認定している。事業推進部がキュレーション事業運営上の諸課題に統一的に対応する部署であることを考えると，にわかに信じ難い認定であるが，仮にそれが真実だとすれば，事業推進部がその職務を甚だしく懈怠していたことになる。

■ 6　本章のまとめ

　当初はSEO重視の記事量産方針に各サイトが必ずしも同調せず，独自路線のMERYを除く9サイトのうち，iemo・CAFY・cuta・PUULの4サイトは記事の質を重視していたと認められる。しかし最終的には，キュレーション企画統括部からの圧力により，いずれもSEO重視に転じている。

　著作権侵害問題に対するチェック体制に関しては，明確な対応方針を示さない，コピペ対策についてサイトごとのバラつきが大きい，ブラックリスト方式を採用したサイトが多い，コピペを助長するようなマニュアルの記載，外部編集ディレクターへの依存など様々な不備が認められた。

　この点について，第三者委員会報告書は，「DeNAが運営する10サイトでは，コピペ及び画像のチェックにつき，対象とする記事等の選別から，確認方法，コピペや画像の無断利用に該当するか否かの判断に至るまで，チェックを行う担当者の主観や裁量に委ねられていただけでなく，その正確性を担保するための体制も何ら構築されていなかった。さらに，コピペや画像のチェックに当たり，それらを発見する上で有効な方法が採用されているわけでもなかった」（同254頁）と総括した。その背景として，記事の量産

---

[27] 「実際に各サイトのPOの中には，当委員会によるヒアリングの場で，「記事の内容が誤っていたり，他のウェブサイトの記事の無断利用であったりしても，自分たちに責任は発生しないと理解していた。」などと，誤った理解を披露する者もいた。その結果，DeNAの一部のサイトでは，記事の無断利用がないかをチェックしたり，記事の正確性を担保したりするための体制の構築に十分な注意が払われず，それが本問題の発生を許してしまった可能性は否定できない」（第三者委員会報告書267頁）。

やコスト管理が強調される中で，記事の質を軽視する傾向が生じていたと推察される。

■ 参考　その他のサイトの運営状況

以下では，参考として，前述した iemo・MERY・WELQ 以外の 7 サイトの状況について解説する。

1　CAFY

CAFY は，食事のレシピなどの「食」を対象とするサイトであり，2014 年 12 月にサービスを開始した。DeNA にとって最初の内製サイトであったことから，当初の運営方針は必ずしも明確でなかったが，ユーザーにとって読み応えのある記事を作成すべきとの意見が編集部内で強くなり，2015 年 6 月頃にキュレーション企画統括部の X 氏に相談して，記事数よりも記事の質を追求する方針について承認を取り付けた。

しかし，その後に CAFY の SEO DAU が伸び悩んだため，X 氏の指示により 2015 年 10 月以降に記事の量産に転じたところ，SEO DAU が順調に伸び始めた。2016 年 4 月に PO が交代すると，SEO の観点からキーワードを絞り込むことで，SEO DAU を半年間で 3 倍に増やした。

2016 年 11 月末時点で，CAFY には 223 人の外部執筆ライターが所属し，公開記事の約 90％が外部執筆ライターによるものであった。

1.1　テキストのチェック状況

CAFY では，外部執筆ライターによる記事の質を揃えるために，2015 年 2 月頃に執筆マニュアルを作成した。同マニュアルには，「他サイトの情報をそのままコピーペーストして使用することは，他サイトのコンテンツ剽窃に当たるため，固くお断りします」と記述する一方で，「コピペではない OK 例」として，「1. いくつかのサイトを参照して，2. 大事なところを抜き出し，3. 自分の言葉で書き直す」と記されていた（第三者委員会報告書 136 頁）。なお，同マニュアルの作成に当たって，法務部の確認を受けることはなかった。

CAFY では，当初は編集担当者が記事内容を確認していたが，記事数の増加とともに外部編集ディレクターに依存するようになった。コピペチェックは編集担当者の仕事とされていたが，編集担当者が違和感を持った記事や外部編集ディレクターから指摘があった記事[28]などに限られていた。コピペチェックのやり方も，記

---

[28] 「（編集会議で）外部編集ディレクターから，コピペを行っている疑いが高い執筆ライターの指摘が行われることもあり，そのような指摘が出た場合には，CAFY チームの編集担当者は，その執筆ライターの執筆した記事につき，公開後ではあったものの，重点的にコピペチェックを行うようにしていた」（第三者委員会報告書 134 頁）。

事中の文章を Google 検索にかけて確認するという初歩的なものにとどまり，一致度がどの程度であればコピペと評価するかについての基準もなかった。なお，記事の納品数が特に多い外部執筆ライターについては，「1 か月から 2 か月に 1 回の頻度で，公開されている記事の中からいくつかをピックアップし，グロースハック部にチェックを依頼していた」（第三者委員会報告書 137 頁）とされる。

CAFY では，2016 年 11 月末までにテキストの無断利用に関するクレームは 6 件にとどまった。

1.2　画像のチェック状況

CAFY では，iemo 及び MERY 買収時の経緯を踏まえて，画像利用に関して直リンク方式を採用していた。画像のチェックについてはブラックリスト方式であり，ブラックリスト外から挿入された画像に対するシステム上のチェックはなかった。また，外部執筆ライターが画像をサーバにアップロードして利用することも可能であったが，その際には，「権利者が明確ではない，権利者の許可がない画像はアップロードしないでください」（第三者委員会報告書 139 頁）との注意喚起が赤字で表示された。

ブラックリスト以外の画像については，編集担当者や外部編集ディレクターが記事内容を確認する際に個別にチェックが行われていた。特にアップロード画像については，「執筆ライターに対し，画像の差し替えを促していたが，他に適切な画像が見つからない場合には，その画像が執筆ライターが撮影したものであることの確認を行っていた」とされる（第三者委員会報告書 140 頁）。

CAFY では，2016 年 11 月末までに画像の無断利用に関して 30 件のクレームがなされた。

1.3　要監修記事のチェック状況

「食」を取り扱う CAFY では，栄養に関する記事について栄養士の監修を受けることを編集部で検討していたが，実行されなかった。その理由は，「監修をしてくれる適切な栄養士が見つからなかったことに加え，監修を入れることにより記事作成の工数が増加し，記事作成のスピードが落ちるという問題もあったため」（第三者委員会報告書 135 頁）とされ，前述（本章 3.3 参照）した WELQ と同様であった。

CAFY では，2016 年 11 月末までに薬機・医療関係で 2 件のクレームがなされた。

2　Find Travel

Find Travel 社は，観光スポット・ホテル・グルメなど「旅」を対象とするサイ

ト Find Travel を運営しており，2015 年 2 月に DeNA に買収された。同サイトでは，2014 年 8 月にサービスを開始した当初から，記事の量産と SEO を意識した記事作成を方針としていた。DeNA に買収された後はこの方針がさらに徹底され，クラウド執筆ライターを大量に採用するとともに，キーワードを選定した上で記事構成案を作成し，外部執筆ライターに提示していた。

　Find Travel には，一時は約 200 人を超えるクラウド執筆ライターが所属し，公開記事の約 80％がクラウド執筆ライターによるものであった。ただし，その人数は 2016 年 11 月末時点で 84 人に減少している。2015 年後半には 2,500 件超であった月間公開記事数が，2016 年 4 月以降には 1,000 件以下に減ったことや，2016 年夏から記事の質的向上を目指す「クオリティアッププロジェクト」が実施されたことに鑑みると，量産の弊害で記事の質が著しく低下したために，相当数のクラウド執筆ライターを整理したと推察される。

2.1　テキストのチェック状況

　Find Travel の執筆マニュアルには，「公式・他のサイト問わず文章のコピーは厳禁です。信用を落としかねません。魅力などをポイントとして引っ張ってきたら，自分の言葉でまとめましょう」と記されていた（第三者委員会報告書 147 頁）。

　記事内容の確認は編集担当者が実施し，文章に違和感のある記事や，執筆ペースが速すぎるクラウド執筆ライターの記事などについてコピペチェックを行っていた。しかし，記事数の急増に作業が追いつかず，内容確認が行われた記事は全体の 20～30％にとどまっていた。また，コピペチェックのやり方について特段の基準はなく，「編集担当者は，コピペチェックツールを使用したり，コピペが疑われる文章の一部を Google 検索にかけたりして，各自でコピペチェックを行っていた」（第三者委員会報告書 148 頁）とされる。

　Find Travel では，2016 年 11 月末までにテキストの無断利用に関するクレームは 2 件にとどまった。

2.2　画像のチェック状況

　Find Travel では，画像利用に関して直リンク方式とブラックリスト方式を採用していた。外部執筆ライターが画像をサーバにアップロードすることは可能であったが，CAFY と違って注意喚起が表示されることはなかった。ブラックリスト以外の画像については，編集担当者が記事内容を確認する際に個別にチェックが行われていた。

　Find Travel では，2016 年 11 月末までに画像の無断利用に関して 37 件のクレームがなされていた。

3 JOOY

　JOOYは，若い男性向けのファッション・ヘアスタイル・ライフスタイルなどを対象とするサイトであり，2015年4月にサービスを開始した。同サイトを立ち上げたのがX氏であったことから，当初からSEOに基づく記事の量産が方針とされ，編集部でも，「(SEO DAUや記事数の) 目標値を達成することが，POの最も重要な役割であると認識されていた」(第三者委員会報告書151頁) とのことである。2016年5月からは，好調なWELQの手法を見習って，外部構成ライターに記事構成案を作成させるようになった。さらに同年夏にグロースハック部が整備したキーワード選定ツールの利用を開始したところ，SEO DAUが半年間で3倍に急増した。

　JOOYでは，上述の方針に基づきクラウド執筆ライターを大量に採用した結果，2016年11月末時点でその人数が534人に達し，公開記事の約99％がクラウド執筆ライターによるものであった。

3.1　テキストのチェック状況

　JOOYの執筆マニュアルには，「コピー＆ペースト・類似表現は厳禁です！」「コピペが発覚した場合は契約を終了させていただく場合がございます」と明記していた (第三者委員会報告書155頁)。

　JOOYでは，編集担当者は記事内容を確認せず，外部編集ディレクターに任せていた。コピペチェックも外部編集ディレクターの業務であり，「インターネット上で無料配信されているコピペチェックツールを使用して大まかなチェックを実施するよう指示していた」(第三者委員会報告書156頁) とされる。

　その一方で，外部編集ディレクター用のチェックリストにはコピペに関する項目がなく，編集マニュアルにもコピペチェックについての記載はなかった。さらに外部編集ディレクターが実際にチェックしたかどうかを編集担当者が確認していなかったことに鑑みると，コピペチェックが励行されていたとは考えにくい。

　その後，グロースハック部でコピペチェックツールを整備したことを受けて，JOOYでは2016年9月頃から記事の定期的なチェックを同部に依頼するようになった。記事内容の重複率について一定の基準 (数値不明) を設け，それよりも重複率が高い記事については，外部執筆ライターに対して修正を指示していた。

　JOOYでは，2016年11月末までにテキストの無断利用に関して7件のクレームがなされていた。

3.2　画像のチェック状況

　JOOYでは，他のサイトと違って画像についてはホワイトリスト方式を採用し，「使用可能な画像一覧」から挿入することとしていた。JOOYを立ち上げたX氏が

過去に著作権侵害事件を起こしていたことから,「守安氏及び村田氏から,著作権侵害を避けるべく,JOOY に掲載する記事に利用する画像については,コンテンツホルダーから利用許諾を得た画像の中から選ぶ「ホワイトリスト方式」を採用するよう指示されていた」(第三者委員会報告書 67-68 頁)とされる。

ただし,編集部が記事内容を確認する際に画像のチェックを個別に実施していたこと及び JOOY の画像利用に関するクレーム件数が他のサイトと比較して決して少なくないことを勘案すると,システムとしてリスト以外の画像を自動的に排除する仕様ではなかった(=実質的にはホワイトリスト方式と言えない)との疑いが残る。

JOOY では,2016 年 11 月末までに画像の無断利用に関して 17 件のクレームがなされていた。

3.3　薬機・医療関係記事のチェック状況

JOOY では,サービス開始時点から薬機・医療関係記事を一部掲載していたが,それらの記事は医師の監修を受けずに作成されたものであった。前述(本章 3.3 参照)したように 2015 年 10 月に DeNA は「薬事法・医療に関する記事作成フロー」を作成したが,JOOY では過去記事の一部について若干の対応を実施しただけであった。2016 年 9 月に編集担当者の 1 人がこの未監修の問題をあらためて指摘するとともに,そもそも薬機・医療関係記事は JOOY にとって必須ではないと PO を説得した結果,それらの記事はすべて非公開とされた。

JOOY では,2016 年 11 月末までに薬機・医療関係で 2 件のクレームがなされていた。

4　cuta

cuta は,妊娠・出産・子育てを対象とするサイトであり,2015 年 4 月にサービスを開始した。当初は記事の質を重視する方針を取っていたが,2015 年夏にキュレーション企画統括部から記事量産の指示を受け,公開記事数を増やしていった。その後,競合のサイトでは記事数が多くなくてもユーザー数を伸ばしていることを受けて,記事の質を重視する方針に再転換し,2016 年 3 月から 5 月にかけて公開記事数を減らした。

しかし,キュレーション企画統括部から好調な WELQ の手法を見習うようにとの指示を受け,2016 年 7 月の PO の交代に合わせて記事量産の方針に復帰した。さらに,グロースハック部から WELQ の外部構成ライターを活用してほしいとの通知がなされたため,2016 年 9 月頃から記事構成案の作成を WELQ 編集部に依頼するようになった。ただし,「cuta チームは,WELQ チームから提供された記事構

成案について，cutaの主要なユーザー層である子育て中の母親には相応しくない内容やcutaのコンセプトに合わない内容になっていることがしばしばあり，cutaチームで作成していた頃に比べて質が劣っていると評価していたため，それをそのまま使うのではなく，全ての記事構成案をcutaチームにおいて確認し，必要に応じて修正していた」（第三者委員会報告書160頁）とされる。

以上のようにcutaでは記事の質を重視する傾向が強かった事情として，サービス開始から2016年3月までの2人のPOが子育て中の母親であったことが挙げられる。2016年11月末時点で，cutaには353人の外部執筆ライターが所属し，公開記事の95％以上が外部執筆ライターによるものであった。

4.1　テキストのチェック状況

cutaのマニュアルには，「コピペ（類似表現含む）は絶対に止めてください。コピペが発覚した場合，今後のお仕事の依頼を終了させていただきますのでご了承ください」と明記していた（第三者委員会報告書165頁）。

記事内容については，外部編集ディレクターが一次的な確認を行い，さらに編集担当者が全ての記事の再確認を行っていた。コピペチェックは編集担当者の仕事であったが，実際にチェックするのは不審点があった記事に限られていた。記事中の文章をGoogle検索やコピペチェックツールにかけて確認していたが，一致度がどの程度であればコピペと評価するかについての基準はなかった。

cutaでは，2016年11月末までにテキストの無断利用に関して5件のクレームがなされていた。

4.2　画像のチェック状況

cutaでは，画像利用に関して直リンク方式とブラックリスト方式を採用していた。外部執筆ライターによる画像のアップロードに関し，注意喚起の仕組みがあったかどうかは不明である。ブラックリスト以外の画像については，編集担当者が記事内容を確認する際に個別にチェックが行われていた。アップロード画像が発見された場合の対応は，CAFYと同一であった。

cutaでは，2016年11月末までに画像の無断利用に関して12件のクレームがなされていた。

4.3　薬機・医療関係記事のチェック状況

cuta編集部は，当初から薬機・医療関係の記事には正確性が重要であると認識しており，「関連する書籍を購入して記事内容の確認の際に参照していたほか，執筆ライターの中から医療に関わる領域の知識を比較的有している者を選んで，その執筆を依頼するようにしていた」（第三者委員会報告書164頁）とされる。

前述（本章3.3参照）したように2015年10月にDeNAは「薬事法・医療に関

する記事作成フロー」を作成した．これを受けて cuta では，薬事法関連記事について CS の確認を受け，うち 2 本が問題点を指摘されたことから内容を修正した．また，医療関連記事についても，小児科医及び産婦人科医と業務委託契約を締結して監修を依頼し，その指摘内容を踏まえて記事の修正あるいは非公開の措置を取った．しかし，この医師監修に相当な時間と費用を要したことに加えて，cuta 編集部内でも記事の量産が優先されたため，2015 年 10 月以降は医師監修が実施されることはなかった．

cuta では，2016 年 11 月末までに薬機・医療関係のクレームはゼロであった．

5 GOIN

GOIN は，30 歳以上の男性向けの自動車・カーライフスタイルを対象とするサイトであり，2015 年 10 月にサービスを開始した．キュレーション企画統括部の X 氏は，2016 年 3 月末の GOIN の SEO DAU の目標値を 50,000 件と設定していたが，実績値は 19,376 件にとどまった．そのため GOIN では，2016 年 4 月頃から他のサイトと同様に SEO に基づく記事の量産に努めるようになった．

SEO のためにキーワードを盛り込むようにした関係で，記事構成案の作成ペースが落ちたことから，2016 年 10 月頃からグロースハック部や WELQ 編集部に記事構成案の作成を依頼した．その一方で，GOIN 編集部は，「SEO DAU のみを追求するべきではないとも考えており，例えば，GOIN チームでも，いわゆるアダルト系やネガティブ系（特定の組織や人物を批判するような内容）の記事を扱えば SEO DAU が伸びることは容易に想像できたが，同チームのポリシーとして，そのような記事は扱わないことを徹底していた」（第三者委員会報告書 190 頁）とされる．

GOIN では，2016 年 11 月末時点の外部執筆ライターが 136 人であり，同時点の公開記事の約 90% が外部執筆ライターによるものであった．

5.1 テキストのチェック状況

前述（本章 3.1 参照）のとおり GOIN のサービスの開始前に，村田氏の指示に基づき全記事内容を確認した．その後も 2016 年 1 月まで抜き打ち記事チェックが実施されたが，不適切な記事は発見されなかった．

GOIN の執筆マニュアルには，コピペについての記載はなかった．しかし，クラウド執筆ライターの募集要項にはコピペ厳禁が赤字で明記されていたことに加え，「コピペが判明した場合には，その都度，チャットツールを通じて，クラウド執筆ライター全員に対し，コピペを行ったクラウド執筆ライターに対する記事執筆依頼を打ち切った旨告げ，クラウド執筆ライターがコピペを行わないように注意喚起を

促していた」(第三者委員会報告書193頁)とされる。

　GOINでは,「管理が及ばないところで不適切な内容の記事が作成されることを懸念し,特に,記事内容の確認は,外部の者に委ねるべきではない」(第三者委員会報告書190頁)との考えに基づき,記事内容の確認は基本的に編集担当者が行っていた[29]。

　コピペチェックは不審点があった記事に限られ,記事中の文章をGoogle検索やクラウドソーシング企業から提供されたコピペチェックツールにかけて確認した。一致度がどの程度であればコピペと評価するかについての基準はなかったが,「GOINチームは,記事の中の1文でもコピペが行われたと判断した場合には,その記事を執筆したクラウド執筆ライターについては,直ちに記事執筆依頼を打ち切っていた。GOINチームでは,これまで10名程度のクラウド執筆ライターにつき,コピペを理由として記事執筆依頼を打ち切った」(第三者委員会報告書194頁)とされる。

　GOINでは,2016年11月末までテキストの無断利用に関するクレームはゼロであった。

5.2　画像のチェック状況

　GOINでは,形式的にはホワイトリスト方式を採用していたが,「システム上,ホワイトリストに登録されていないウェブサイト等の画像の挿入を阻止できる仕様とはなっていなかったため,実際には,ホワイトリストに登録されていないウェブサイト等の画像を挿入することが可能であった」(第三者委員会報告書250頁)とされ,実質的にはブラックリスト方式と変わりなかった。

　ブラックリスト以外の画像については,編集担当者が記事内容を確認する際に,個別にチェックが行われていた。なお,直リンク方式を採用していたかどうか,外部執筆ライターによるアップロードに関して注意喚起の仕組みがあったかどうかは不明である。

　GOINでは,2016年11月末までに画像の無断利用に関して14件のクレームがなされていた。

6　UpIn

　UpInは,金融関係(保険・投資など)・人間関係など多様なテーマを対象とするサイトであり,2015年10月にサービスを開始した。キュレーション企画統括部のX氏の指示を受け,UpInでは当初から記事量産の方針であった。

---

[29] GOINでは,2016年6月に外部編集ディレクターを1人だけ採用したが,同人が内容確認した記事についても,必ず編集担当者が再確認をしていた。

UpInでは，「WELQの外部構成ライターを活用してほしい」とのグロースハック部からの通知を受けて，2016年秋頃に記事構成案の作成を依頼したことがあった。しかし，「納品された記事構成案の中には，個人が運営しているウェブサイト等が参照ウェブサイトとして提示されているものも少なからず存在していた。納品を受けたUpInチームでは，（中略）コピペを誘発し，著作権侵害の問題が生じる可能性があると考え，WELQチームの外部構成ライターに対して参照ウェブサイトを提示しないよう申し入れた」（第三者委員会報告書198頁）とされる。さらに，外部構成ライターの活用は，効率性の点でメリットがある一方で，類似の構成の記事が増えるのではないかと懸念したため，WELQの外部構成ライターに依頼したのは，その1回限りであった。

UpInでは，2016年11月末時点の外部執筆ライターが346人であり，同時点の公開記事の98％以上が外部執筆ライターによるものであった。

6.1 テキストのチェック状況

前述（本章3.1参照）のとおりUpInのサービスの開始前に，村田氏の指示に基づき全記事内容を確認した。その後も2016年1月まで抜き打ち記事チェックが実施されたが，不適切な記事は発見されなかった。

UpInの執筆マニュアルには，「他のサイトの文章をコピーして執筆活動を行うことを固く禁止しています」「納品いただく記事内にコピー文章を発見した場合は，その時点で契約解除」（第三者委員会報告書200頁）と明記されていた。また，同マニュアルには，「「コピーとなりやすい6つのケースと対策」として，コピペをしてしまいがちなケースを紹介するとともに，その対策として，引用により文章を表記するといった具体的な方法を紹介していた」（前同）とされる。

UpInでは，外部執筆ライターを採用する際に，「UpInコピー文章禁止マニュアル」を読ませて，その証として署名をさせていた。また，コピペが判明した外部執筆ライターに対しても，同マニュアルをもう一度読ませて署名させていた。

UpInでは，記事内容の確認は基本的に編集担当者が行っていた[30]が，コピペチェックは不審点がある記事に限られ，記事中の文章をGoogle検索にかけて確認していた。さらに2016年10月頃からは，グロースハック部が独自に整備したコピペチェックツールに全ての記事をかけて，重複率を判定するようになった（目安は重複率10％以上）。しかし，「コピペチェックツールを使用しても，ある文章中におけるコピペ部分が単語単位で特定されるのみで，結局コピー元の文章を特定することまではできなかった上，コピペか否かの正確性も低かったことから，上記コピ

---

[30] UpInでは，2015年11月以降，元編集担当者2人を外部編集ディレクターとして採用したが，彼らが内容確認した記事について編集担当者が再確認をすることはなかった。

ペチェックツールの使用は 2 か月程度で終了」（第三者委員会報告書 201 頁）したとされる。

UpIn では，2016 年 11 月末までにテキストの無断利用に関して 4 件のクレームがなされていた。

6.2　画像のチェック状況

UpIn では，他の内製サイトと同様に，画像のチェックについてブラックリスト方式を採用していた。なお，直リンク方式を採用していたかどうか，外部執筆ライターによるアップロードに関して注意喚起の仕組みがあったかどうかは不明である。ブラックリスト以外の画像については，編集担当者や外部編集ディレクターが記事内容を確認する際に，個別にチェックが行われていた。

具体的な対応としては，「クラウド執筆ライターから，UpIn チームの編集担当者に対して，記事執筆のため，利用許諾を得ていない画像を，一旦自身の画像 SNS 等のアカウントから画像 SNS 等に掲載し，その画像を引用する形で UpIn の記事に挿入してもよいかという質問がなされたことがあった。UpIn チームは，このような行為は著作権法の潜脱に当たり得ると判断し，質問者に対して，行ってはならない旨を回答した」（第三者委員会報告書 202-203 頁）とされる。

UpIn では，2016 年 11 月末までに画像の無断利用に関して 3 件のクレームがなされていた。

6.3　要監修記事のチェック状況

UpIn では専門性が強い金融関係の記事を取り扱っていたため，同編集部は，サービス開始当初から専門家による監修が必要ではないかと考えており，X 氏にその旨を提案したこともあった。しかし，「X 氏から，記事数を増やす方が優先である旨指示されたため，本問題に至った時点まで，専門家による記事の監修は実現しなかった」（第三者委員会報告書 200 頁）とされる。

7　PUUL

PUUL は，アニメ・漫画・音楽などのエンターテインメントを対象とするサイトであり，2015 年 10 月にサービスを開始した。当初，PUUL の PO は記事の質を重視しており，SEO に基づく記事量産には消極的であった。対象分野については，そもそもネット上に掲載された情報が少ない上に，「デジタルコンテンツの配信事業も運営している DeNA においては，たとえ SEO に有効であるとしても，いわゆるネタバレなど，作品の権利者や出版社との関係を悪化させるようなテーマの記事を作成することは，倫理上もできないという制約があった」（第三者委員会報告書

205頁）とされる[31]。

　PUULのSEO DAUが伸び悩んだことから，2016年4月にPOが交代したことを契機に，PUULでは公開記事数を増やすとともに，SEO施策に努めるようになった。PUULでは，2016年11月末時点の外部執筆ライターが126人であり，同時点の公開記事の90％以上が外部執筆ライターによるものであった。

7.1　テキストのチェック状況

　前述（本章3.1参照）のとおりPUULのサービスの開始前に，村田氏の指示に基づき全記事内容を確認した。その後も2016年1月まで抜き打ち記事チェックが実施されたが，不適切な記事は発見されなかった。

　PUULの執筆マニュアルには，「他者作物をコピーした文章（類似も含む）は絶対厳禁としています。発覚次第終了となりますので十分ご注意の上執筆を行ってください」「構成を真似ただけでもコピペとなります。あくまで情報を参考とし，自分の言葉で必ず伝えることを意識してください」（第三者委員会報告書208頁）と明記されていた。

　この執筆マニュアルはWELQのマニュアルを参考に作成されたが，「PUULチームの中で議論が行われ，意図的にコピペを推奨するかのような印象を与える部分については，取り入れないこととなった。そのため，これまでPUULの執筆マニュアルにコピペに当たらない表現の例示は記載されたことがない」（第三者委員会報告書208-209頁）とされる。また，同マニュアルの作成に当たって法務部の内容確認を受けたことは，他のサイトには見られない特徴である。

　PUULでは，記事内容の確認は編集担当者や外部編集ディレクター[32]が行っていたが，コピペチェックは不審点がある記事に限られていた。そのやり方としては，グロースハック部が独自に整備したコピペチェックツールを使用して重複率を判定し，重複率が30％を上回る場合はコピペと評価していた。

　PUULでは，2016年11月末までにテキストの無断利用に関するクレームはゼロであった。

7.2　画像のチェック状況

　PUULでは，GOINと同様に形式的にはホワイトリスト方式を採用していたが，ホワイトリスト以外のサイトから画像を挿入することが可能であり，実質的にブラックリスト方式と変わりなかった。編集担当者が記事内容を確認する際に，個別

31　PUULの外部執筆ライターも，当初はアニメなどの作品のファンが多かったため，依頼した記事数を守らないケースが多く，記事数が伸び悩んだため，量産チームが作成した記事が利用された。

32　編集担当者の方が内容確認の精度も高くコストも安いとの理由で，2016年5月頃に外部編集ディレクターの利用は中止された。

に画像のチェックが行われていたが，PUULでは1記事当たりの画像は5枚程度と少なかったため，チェックは比較的容易であったとされる。

　直リンク方式の採用の有無については不明であるが，外部執筆ライターによるアップロードに関しては，「画像には著作権が発生しています。権利について必ず理解を深め著作権の侵害を行わないようにしてください」と赤字で注意喚起する仕組みがあった。

　PUULでは，2016年11月末までに画像の無断利用に関するクレームはゼロであった。

第4章 事件の原因構造

　本章では，著作権侵害事件を引き起こした原因として，DeNA 経営者の問題点と社内のリスク管理部門の機能不全について分析し，そのメカニズムを明らかにした上で，DeNA が事件後に実施した再発防止対策の実効性について評価する。

1 経営者の問題点

　DeNA 経営者の問題点としては，業績悪化による焦燥，コピペを前提とした記事量産方針の設定，成長優先・数値偏重の経営姿勢，業界内常識に染まった人物の登用，リスク管理の軽視，企業統治の不在が挙げられる。

1.1 業績悪化による焦燥

　守安氏は，2014 年 7 月 17 日に村田氏から iemo の説明を受けると，すぐに同社の買収とキュレーション事業の横展開を決断し，同 22 日の取締役会で報告した。このように守安氏が性急に決断を下した事情として，以下の 3 件が挙げられる。

　第 1 の事情として，守安氏は，過去に投資を見送ったメルカリがその後に急成長を遂げたことへの反省から，「新規事業への投資に関するそれまでの慎重な判断を後悔し，大胆かつ素早い決断が重要であると考えるようになった」（第三者委員会報告書 51 頁）とされる。

　第 2 の事情として，「村田氏は，DeNA との間だけではなく，iemo 社の

買収に興味を持っていた複数の会社とも並行して協議していたところ，守安氏に対して，他社の中でも，企業買収に当たって迅速な意思決定を行うことで知られていた競合他社からも，iemo 社の買収に前向きな姿勢を示されていると話した」(第三者委員会報告書 53 頁) ことにより，iemo が競合企業に買収されるかもしれないとの焦りが守安氏に生じたとされる[1]。

ちなみに，樋口 (2017) は，M&A の際に「買収前の基礎的な検討の不足」が生じる原因の一つとして「買収企業側の焦燥」を挙げ，「有望な M&A 案件は決して多くはなく，特に技術関係や寡占状態の業種では，今回の「売物」を逃すと次の機会はなかなか訪れない。さらに「売主」は，できるかぎり高価で売却しようとして，競合企業にも声を掛けるため，「ライバルに買われてしまうと，将来の競争で著しく不利になる」という心理に陥りがちである。その結果，調査不足にもかかわらず買収に踏み切ったり，競合企業と入札で競り合って，適正価格を大きく上回る価格で落札したりするなどの失敗を犯すことになる」(同 249-250 頁) と指摘した。

第 3 の，そして最も重大と考えられる事情は，前述 (第 1 章 1 参照) したように DeNA の主力のゲーム事業で 2014 年 3 月期から売上や営業利益が急激に減少する一方で，同事業に代わる新たな成長の柱が育っていないことであった。第三者委員会報告書は，「ゲーム事業を中心とした DeNA の成長モデルに翳りが見えており，DeNA が，新たな成長エンジンを見つけなければならないという焦燥感があったのではないか」(同 262 頁) と指摘した[2]。

この点については，事件後のインタビューで守安氏自身も，「『メルカリ』や『スマートニュース』といったスタートアップ企業が成長する中で，DeNA は新規事業の立ち上げが，うまくできていないという事実がありま

---

[1] 「関係者によると，村田氏はパーティー会場で守安社長に，「ほかの幾つかの会社とも（事業売却の）話をしています。だいたい 10 億円のレンジで話をしています」「ただ，話は上（各社のトップ）には，いっていない。判断が遅いんですよ」とも伝えたという」(日経ビジネスオンライン 2016 年 12 月 16 日記事「DeNA 転落の起点　買収と譲渡，2 つの過ち」⟨https://business.nikkeibp.co.jp/atcl/opinion/15/279975/121500006/?ST=print⟩)。

[2] 「(スマホのアプリ競争に乗り遅れた結果，) 長らく右肩上がりが続いていた DeNA の業績は一転，下り坂を転がることになる。早期にゲーム事業に継ぐ収益の柱を築かねば DeNA という会社は終わる。その焦りが，LINE に対抗した無料通話アプリ「comm」や，音楽配信アプリ「Groovy」といった相次ぐ新規事業の創設につながる。しかし，結果は惨敗。暗中の中で見出した一筋の光が，村田氏が持ちかけてきたキュレーション事業だったというわけだ」(桜田 (2017)，36 頁)。

した。(中略) これだけゲーム事業が落ち込んでいる中で，焦りやプレッシャーがないと言えば嘘になります。その中でバランスを失い，やり方が間違っていたことがあったのかもしれません」3 と証言している4。こうした経営者の焦燥がキュレーション事業への強い期待に転化し，さらに同事業の急成長を求める経営方針に結びついたと認められる。

　iemo 社やペロリ社の買収価格が高額であった件については，第三者委員会報告書は，「それぞれの買収価格は，専門家から意見を取得して適正な範囲内にあることも確認されている上，取締役会決議等 DeNA 社内の必要な決議も経ている。したがって，iemo 社，ペロリ社及び Find Travel 社の買収価格について，特段の問題があったとは認められない」(同 240 頁) と認定した。しかし，少なくとも iemo 社については高額すぎるとの指摘5 は買収当時から存在し，DeNA 社内でも，M&A 案件を管轄する戦略投資推進室の室員が金額の妥当性について疑問を表明していた。前述のとおり競合企業を意識して焦燥した結果，DeNA が高値摑みをした可能性が高い6。

　なお，オリンパス不正会計事件を分析した樋口 (2014) は，オリンパスが長期間に渉って巨額の不正会計を継続できた事情として，同社が内視鏡事業により潤沢な余剰資金を保有し，その中に不正会計スキームを紛れ込ませていたことを明らかにした上で，「近年，多くの日本企業が膨大な内部留保を蓄積している状況は，企業統治の形骸化を示唆するとともに，使い道のない

3　日経ビジネス 2016 年 12 月 12 日号記事「DeNA 炎上の末に全情報サイト休止「焦りはあった」，守安社長吐露」15 頁
4　同じく南場氏も，「既存事業(ゲーム事業)が伸び悩み，次の柱をと言いながら，成功する新事業をなかなか生み出せていないという焦りもありました。間違いなく，それはありました」と証言している (日経ビジネス 2017 年 10 月 9 日号記事「私たちは挑戦を諦めない　南場智子氏」79 頁)。
5　「「村田マリ氏はうちにも売りにきた。まともな感覚なら絶対にあの金額では買わない」(中略) ある大手ネット企業の役員は，こう吐き捨てた。(中略) DeNA の買収前から，著作権の問題などそうした新手のビジネスの「危うさ」に気づいていた業界関係者は多い。かつ，iemo と MERY が高収益体質だったわけでもない。買収の翌年度 (2016 年 3 月期) の最終損益は，iemo が 5500 万円の赤字，MERY は 3 億 6500 万円の赤字であり，競合他社が「法外な買収額」と唾棄したのもうなずける」(日経ビジネス 2017 年 2 月 13 日号記事「躓いた DeNA ①　代償」22 頁)。
6　iemo 社・ペロリ社の買収について守安氏は，「この事業の価格が 50 億円という評価は，後になってみないとわからないよね」と社内で説明しており，買収価格について特段の根拠がなかったことがうかがえる (東洋経済オンライン 2015 年 1 月 24 日記事「DeNA，「ベンチャー 2 社同時買収」の果実」〈https://toyokeizai.net/articles/print/58728〉)。

資金を遊ばせて，放漫経営を容易にしているという点で懸念される」と指摘した（同228頁）。DeNAについても，ゲーム事業によって手元に潤沢な余剰資金を積み上げていたために，買収金額の算定に関して慎重さを欠いていた可能性がある。

1.2 コピペを誘発した事業方針

通常のサービス業では，サービスの受益者と対価支払者が一致する。しかしキュレーション事業では，サービスの受益者は読者だが，対価支払者はサイトに広告を掲載した企業である。この点について第三者委員会報告書は，「キュレーション事業は，提供されるサービスを享受する者（読者）と，サービスへの対価を支払う者（広告主）が合致しないビジネスモデルであり，本来的に，読者を見て仕事をするのか，広告主を見て仕事をするのかという構造的なジレンマも孕んでいる」（同258頁）と指摘した。

ただし，受益者と対価支払者の分離は，テレビの無料放送のように，メディア関連のサービス[7]では必ずしも珍しいことではない。こうした他のメディア事業との大きな違いは，読者がサービスを選択する際に，Google等の検索システムが介在することである。

テレビの場合には視聴者が自らチャンネルを選択するが，インターネット空間には膨大な数のサイトが存在するため，読者は検索システムを活用し，検索結果の上位サイトの中から選択することが一般的である。その結果，検索結果が上位のサイトであれば読者数が増え，それに応じて広告収入も上がることになる。DeNAがSEOを重視する方針としたのはそのためであり，競合のサイトも同様であった[8]。

この方針の問題点は，DeNA側がSEO偏重の短絡的思考に陥り，読者に

---

[7] 前述（第2章1.3.2参照）のとおり本件キュレーション事業も，実質的にメディア事業と整理できる。

[8] 「これは決してDeNAに限った問題ではない。運営形態に差異はあれども，同様のサイトには多くの企業が手を出している。大手でも，リクルートホールディングスは「ギャザリー」，サイバーエージェントも「Spotlight」というサイトを運営している。ともに問題の広がりを受け，著作権や内容の信憑性に問題がある記事の非公開化や，運営体制の変更などの対応を強いられた」（週刊東洋経済2017年4月15日記事「大手企業も躓いたキュレーションの泥沼」20頁）。ちなみに「Spotlight」の場合，全記事数約6万8000件のうち約3万7000件を非公開にしたとされる。

良質な記事を提供するという本来の視点を見失ったことである。クラウド執筆ライターからの意見聴取によれば，一部のサイトでは，以下のように編集部が記事の品質を軽視していた（第三者委員会報告書237頁）。

- 「大見出しにSEOキーワードが入っているかといったテクニックは非常に重視される一方，読み物や情報提供としての記事の質の部分は無視といった感じであった」
- 「タイトルや見出しの訴求力だけを大事にしていた。内容よりもSEOで検索上位になることを目的にしており，内容のチェックはあまりされなかった」

こうした記事の品質軽視がコピペの横行を放置する土壌になったと認められる。その一方で，SEOにより読者数を増やすことに成功しても，記事の品質が低ければ満足度は上がらず，ロイヤルティ（忠誠度）の高い読者を増やすことはできない。前述（第2章3参照）のように検索アルゴリズムが変更され，当該サイトの検索順位が下がれば，ロイヤルティの低い読者はそのまま他サイトに流れてしまう。実際にも，DeNAが閉鎖した10サイトのうち，読者から再開を求める強い要望が出されたのは，独自路線でSEOを無視していたMERYだけであった。

　もう一つの方針であるクラウドワーカーの活用も，やはりコピペの横行に結びついた。多数の記事を毎月新規公開した上で，サイトの採算性も確保しようとすれば，記事の執筆単価を抑制せざるを得ない。こうした割の悪い仕事を有能な専業ライターが引き受けるはずがなく，クラウド執筆ライターへの依存度が必然的に高くなる。

　低い執筆単価にもかかわらず一定の収入を確保しようとすれば，できるだけ沢山の記事を書かなければならないが，クラウド執筆ライターの技量は全般的に低い。また，SEOの観点から8,000字以上の記事を要求されていたが，それだけの長文を自力で書くのは相当な負担となる。その結果，コピペが多用されるようになったのである。この点についてクラウド執筆ライターたちは，以下のとおり証言している（第三者委員会報告書235-236頁）。

- 「ほとんどのライターが，必死に数をこなそうと，まずはコピペを行ってから後で自分の言葉に置き直していくやり方を行っていたように思

- 「記事執筆のペースを早くしないとDeNAの言うような金額を稼ぐことはできないので，みんなコピペをして語尾や表現だけ変えているのだろうと思った．納期も時間優先で，どんどん煽ってくるので，コピペせざるを得ない状況に向かっていくと感じた」
- 「書いた記事の本数によりボーナスがあったが，コピペを多用しないと届かない本数だった」

クラウド執筆ライターを取材した足立（2017）は，WELQの単価は2000文字で1000円にすぎず，こうした案件を受注するライターは主婦・学生・フリーターが多いとした上で，「1文字1円以下の報酬でコピペを禁じるのはもはや笑うしかない．そんな報酬で専門性の高い記事を執筆できる記者などボランティアでもない限りいないだろう」（同133頁）と述べている[9]。これほど低い執筆単価でオリジナルの原稿を発注するのは，常識的に考えて無理がある．言い換えると，DeNAの記事量産方針は，クラウド執筆ライターがコピペを多用することを暗黙の前提としていた[10]。

このように事業の基本方針が組織不祥事を誘発したケースとしては，樋口（2011a）が分析した新銀行東京不正融資事件が挙げられる．同事件では，新銀行東京がトランザクション・バンキング[11]をビジネスモデルとしていたため，融資申込者に対する審査能力が低く，融資実行後の債務者管理やデフォルトの原因追及も欠落していたことが，融資担当者による犯行を容易にした．

ちなみに，クラウドワーカーの低収入問題は，キュレーション事業に限っ

---

9 「ライターには1万字＝400字詰め原稿用紙25枚分という長大な原稿がしばしば求められたが，これだけのボリュームに支払われる原稿料は5000〜8000円．既存の紙媒体なら数万円は払われるのが一般的な相場だろう．まさしくケタ違いの低さだ．この金額では，見識と経験のあるプロの書き手が引き受けることはありえない．この点においても，実勢に見合ったコストを払って製造責任を全うしようという姿勢がみられない」（東洋経済オンライン2016年12月5日記事「検索結果を疑わない人は，DeNAを笑えない」〈https://toyokeizai.net/articles/print/148032〉）。

10 記事単価とコピペの関連性については，第三者委員会報告書も，「クラウド執筆ライター等に対して支払われる報酬の水準が，（中略）一部の者によるコピペ等を含んだ不適切な記事の執筆等を生む背景になったことは否定できない」（同243頁）と認定した．

11 相手企業の決算書類の数字をシステムに打ち込み，融資の可否や貸出上限金額，適用金利などを機械的に審査する手法．相手企業との長期継続的関係を重視するリレーションシップ・バンキングと対比される．

たことではなかった。クラウドワーカー斡旋業の大手企業クラウドワークスの 2016 年 9 月期第 1 四半期決算説明資料によれば，同社のクラウドワーカーは 2015 年 12 月末で 79.5 万人に達したが，そのうち月収 20 万円超は 111 人だけであった（同 10 頁）。「約 8000 人に 1 人しか 20 万円超稼げない計算となったため，ネット上で「クライアントが安く買い叩くためのサービス」と批判が巻き起こった」[12] とされる。

1.3 成長優先・数値偏重の経営姿勢

DeNA は自らを「永久ベンチャー」と規定して，成長をひたすら追求する経営姿勢を取っており，それによってリスク管理上の問題が生起しても，「DeNA は「永久ベンチャー」だからしようがない」と自己正当化していた。

1.3.1 O（オポチュニティ）企業としての DeNA

前出の一橋大学の楠木教授は，利益の源泉の面から企業を「O（オポチュニティ）企業」と「Q（クオリティ）企業」に分類し，「DeNA のように徹底した O 企業には，「本業」という概念がそもそも当てはまらない。（中略）「迅速果敢にオポチュニティをとらえ，そこで一番を目指す勝負をする」，ここに DeNA のブレない理念と志があり，そうした勝負に魂と情熱を込めているのである。それは同じ O 企業であるソフトバンクにも（さらに大きなスケールで）当てはまる」（楠木（2017），109-110 頁）とした（表 4-1 参照）。

こうした O 企業は，成長をひたすら追求するあまり，業務の質的側面を疎かにする傾向がある。この点について楠木教授は，「O 企業の生命線はトップラインの成長にある。（中略）質と量はトレードオフの関係にある。初期の段階では，質を犠牲にしてでも成長する。こうした成長の追求に強く傾斜した優先順位づけ（あっさりいえば「割りきり」）がなければ，O 企業は本領を発揮できないのである」（前同 112-113 頁）と分析した。

DeNA の企業体質について第三者委員会報告書は，「DeNA は「永久ベンチャー」を標ぼうし，スピード感のある意思決定が重視されていた」（同

---

[12] 東洋経済オンライン 2016 年 12 月 11 日記事「パクリ量産とクラウドソーシングの黒い関係」〈https://toyokeizai.net/articles/print/149126〉

表 4-1 O（オポチュニティ）企業と Q（クオリティ）企業の特徴

	オポチュニティ企業	クオリティ企業
利益の源泉	外部環境の機会	企業内部でつくる価値の質
支配的となるフェーズ	成長期	成熟期
経営のカギ	事業立地の選択	差別化された顧客価値
	全社レベルでの機動的な事業ポートフォリオの組み替え	事業レベルでの価値のつくり込み
	成長の一義的追求（利益は成長についてくる）	結果としての成長
競争優位	先行者利益，規模の経済	戦略ストーリーの一貫性，模倣困難性

（楠木（2017），106 頁）

269 頁）とした。南場氏は，「ピカピカの成功事例を自らの手でつくることに邁進する。世界ナンバーワンというシンプルな目標に，斜に構えずにこだわり，日本発のチームとしててっぺんに挑戦しよう。そこに集中することがチーム DeNA の使命」（南場（2013），248 頁）と説明している。

その趣旨は「挑戦者としてひたすらに成長を追求する」と解され，まさに DeNA は典型的な O 企業である。かくも強烈な成長志向が形成されたのは，モバオク事業の成功体験を通じて，ネット関連の新規事業では「Winner takes all.」（勝者がすべてを獲得する）の性格が強く，急成長によってトップの座をいち早く確立しなければ生き残れないと確信したためであった[13]。

前述（第 2 章 2.3 参照）したように，キュレーション事業に対する DeNA の経営姿勢も成長を最優先としていた。キュレーション企画統括部は，「SEO 施策を意識した記事の作成によりユーザーを集客すること，アプリ化（モバイル用のアプリによる記事配信），各サイトのブランドの構築を順に進めていくこととされ，2016 年（平成 28 年）年末ないし 2017 年（平成 29 年）初頭から，徐々にブランドの構築のため，記事の質の向上，各サイトに設けられたサービスや機能の向上を図る」（第三者委員会報告書 89 頁）との事業構

---

[13] 南場氏は，「（ネットサービス事業では，）ナンバーワンになった者だけが，拡大の良循環を手にする。モバオクの成功は，このシンプルだが力強い真理を我々にすり込んだ」（南場（2013），102 頁）と述懐している。

想を立て，2016 年末までは SEO 施策により事業の成長を追求し，記事の質の向上は後回しにする方針を明確にしていた。

　この成長優先の経営姿勢を具体化したものが，目標設定における数値偏重であった。キュレーション事業を評価する KPI として DAU さらには事業価値や営業利益を掲げ，その数値目標を非常に高い水準に設定した上で，これらを達成することを強く要求した。前述（第 3 章 3 参照）したように，同事業で最も特徴的な WELQ 式手法が編み出されたのも，数値目標を達成するためであった。

　DeNA では，全社員に必要な共通の姿勢や意識として「DeNA クオリティー」を作成し，その最初に「デライト（Delight） 顧客のことを第一に考え，感謝の気持ちを持って顧客の期待を超える努力をする」と規定している。しかし，少なくともキュレーション事業の KPI には，この「デライト」を反映した項目は認められず，ひたすら事業の成長を求めていることから，むしろ自社の経済的利益に貪欲という印象が強い[14][15]。

　この点について第三者委員会報告書は，「DeNA によるキュレーション事業の実態はメディア運営であったことを考えると，成長性のみを指標とするのではなく，キュレーション事業がサービスの受け手にもたらす価値等にも着目し，そうした価値等を評価・検証するための指標を掲げることも検討されるべきであった。例えば，かつてモバゲー事業において「クレームゼロ」を KPI として掲げていたように，キュレーション事業においても，CS に対するクレーム数の少なさを KPI に掲げることが検討されてもよかったので

---

[14] 記者会見の場で第三者委員会は，DeNA に対して以下のとおり提言している。「事業のあり方について再検討すべきこと，すなわち数値偏重から公正な稼ぎ方への修正です。もっぱら自社の経済的利益のみに着目するのでなく，さまざまなステークホルダーへの十分な配慮を行っていくべきと考えます」（ログミー 2017 年 3 月 13 日記事「『永久ベンチャーは免罪符ではない』DeNA キュレーション事業問題で，第三者委が調査結果を報告」〈https://logmi.jp/business/articles/193846〉）。

[15] 「DeNA は，既にスタートしていた iemo と MERY のサービスを買収した後，これを横展開して対象領域を広げるという戦略を立てていったが，そこには iemo や MERY のそれぞれが有していたような「キュレーション」に対する自社なりの理解や想いがあったようには思えず，「誰にどのような価値を提供したいか」，「DeNA だからこそできることは何か」というビジョンがないまま，単に対象領域を広げていっただけのように感じる」（第三者委員会報告書 260 頁）。「DeNA のキュレーション事業参入時の状況をみると，もっぱら自社の経済的利益の可能性・潜在性のみに着目した数字至上主義に陥り，その他の大事な要素に関する配慮や検討がなおざりにされていたことは否定できない」（前同 273 頁）。

はないかと思われる」(同265頁)と批判している。

1.3.2　永久ベンチャーという自己正当化

「労働者健康福祉機構の虚偽報告事件」を分析した樋口（2016a）は，同機構の関係者が不正な虚偽報告を続けることを自己正当化していた問題を指摘し，「不正行為を自己正当化する事情が存在するために，心理的抵抗が軽減されて不正行為の実行が容易になるリスク」を「不正行為の自己正当化のリスク」と定義した（同203頁）。さらに，東芝の不正会計事件を分析した樋口（2017）は，同社の当期利益至上主義の組織文化が不正な会計処理の継続を自己正当化していたと指摘した。

DeNAの強い成長志向がこれまでの同社の躍進を支えてきたことは明らかである。そして，成熟段階に差し掛かったDeNAが，さらなる成長を希求してベンチャー精神を鼓吹することも理解できないわけではない[16]。しかし本事件では，コピペによる著作権侵害のリスクや，不適切な薬機・医療記事のリスクを多数の関係者が認識していたにもかかわらず，事業の成長を妨げないようにするため，「DeNAは「永久ベンチャー」だからしようがない」として問題の放置を自己正当化していた状況が認められる。

この点について第三者委員会報告書は，「本問題は，ある意味で，DeNAが標ぼうする「永久ベンチャー」という理念の独り歩きによって引き起こされたという面もあるように思われる。(中略)キュレーション事業においては，それが「速ければ易きに流れてもよい」ことを意味するかのごとく曲解されて，慎重な意思決定やリスク分析がないがしろにされ，当たり前のことを当たり前にやることへの軽視に繋がってしまったような印象を受ける」（同270頁），「いつのまにか自らが欲することを行いやすくするための「免罪符」として「永久ベンチャー」というスローガンを都合良く唱えるようになってしまっていたのではないか」（同272頁）と批判した。

前述（第1章2参照）した過去の2件の組織不祥事でも，目標達成を優先するあまり，コンプライアンスやCSRが軽視されていた状況が認められる。こうしたDeNAの体質について桜田（2017）は，「成長のためなら手段を選

---

[16] 成熟したベンチャー企業における大企業病の発生と再ベンチャー化については，第5章3.2を参照。

ばない。多少なら危ない橋でも全力で渡った結果，痛い目にあう」（同34頁）と分析した。ちなみに，社員からの意見聴取でも，「DeNAの組織風土にも問題がある。売上高，利益を上げることが至上命題であり，このようなDeNAの思想が今回の問題の根っこにあると思う」との反省が提起されている（第三者委員会報告書234頁）。

　DeNAが中小企業であった頃ならば，リスク管理の不備や多少のコンプライアンス違反は看過されたであろう。しかし，売上高1000億円超の東証1部上場企業に成長した以上，その社会的責任についての自覚を社内に形成することが必要であり，それを促すのが経営者の役割である。しかしDeNAでは，創業者の南場氏自らが「永久ベンチャー」を殊更に標榜しており，成長の追求以外の側面を軽視する傾向を助長したと考えられる。

　ちなみに，独占禁止法違反事件に関しては，常務取締役（CFO）の春田氏が，「（事件を起こしたからといって，）これを機に若い社員にうまく立ち回ることを覚えてほしいとは思っていない。仕事にまっすぐに向き合い，その目標達成のためにできることなら何だってする，そんな純粋さを失ってはいけない。それがDeNA社員の最も誇るべきものだと，私は信じている」（春田（2015），184頁）と述べている。目標達成のためなら違法行為も辞さない姿勢を「純粋さ」「DeNA社員の最も誇るべきもの」と経営者が評価していた以上，そこから真剣な反省が生じるはずもなかった。

1.4　業界内常識に染まった人物の登用

　ネット業界では，かねてからコピペが横行していたことから，もともと著作権侵害に関する心理的ハードルが低かった。WELQ批判の先駆けとなったITコンサルタントの永江一石氏は，「出版業界ではパクリは許されません。基本的な常識です。しかし，いまの若い子たち，とくに会社勤めすることなく起業しているような人たちは，そういう常識を身につけていません。そういう人たちにとって，パクリに関する感覚は，中国と同じなんですよ。著作権という概念がおそらく中国にはありませんが，それと同様に，ネット業界の若い人たちも『パクリはなぜいけないか』が本当にわかっていないと思います。（中略）ネットで公開されているものは，自由に拾って使っても

構わない——それがネット業界の"常識"なんですね」(宮島 (2017),15-16頁) と述べている。また,体制や資金面で弱体なベンチャーの立ち上がり時期であれば,コピペによるコンプライアンス違反も許容範囲との見解も見られた[17]。

　コピペを前提として,著作権侵害の追及を回避するためのツールも市販されていた。元テキストの単語を別の単語に置き換えたり,文の位置をシャッフルしたりする「リライトツール」と呼ばれるソフトウェアである。さらに,キーワードをもとに参照すべきサイトを探し,その記事をリライトツールに自動的に入力してくれるシステムまでも存在していた[18]。

　以上のとおりネット業界には,コピペを当然視する業界内常識がまかり通っていた[19]。iemoを運営していた村田氏や,過去に著作権侵害問題により炎上事件を起こしたX氏が,この業界内常識の埒外であったとは考えにくい。また,SEO重視の記事量産方針を推進するに当たって,前述(本章1.2参照)したとおりクラウド執筆ライターがコピペに依存するおそれがあることも十分に予見可能であった。

　村田氏たちに著作権侵害問題を予防する意思があったのであれば,しかるべきコピペチェック体制を構築しなければならなかった。しかし,前述(第

---

17 「はじまりはグレーでも,資金が回り出したころに「まともなメディアに転向する」という方法は,ウェブの世界では「ギリギリ認められるライン」とは言えないだろうか」(現代ビジネス2016年12月13日記事「DeNA・村田マリ執行役員が落ちた「ベンチャードリーム」の罠」〈https://gendai.ismedia.jp/articles/print/50436/〉)。

18 「「リライトツール」と検索していただければすぐわかります。ネットでは,1万5,000円から高価なもので4万円程度のソフトウェアが売られています。(中略) 元の文章をソフトウェアに流し込むだけで,10万種類以上のリライト文章を生み出すことができます。(中略) これらのシステムを転がすだけではネットで記事を探し回ったり,複数のサイトの記事をつなぎ合わせるなどいちいちマウスをポチポチやらないといけません。なので,コピペとリライト作業をもっと効率化するために「お目当てのキーワードを入れるだけでネットから品質の高い記事をコピーしてきてリライトソフトにぶち込んでくれるBOT」が出回ることになります。その威力で申しますと,BOTとリライトソフトの組み合わせで一日2時間サーバーを転がすだけで300本ほど約2,000文字の記事が出来上がります」(Yahoo!ニュース2016年12月2日記事「DeNA「サイト炎上」MERY,iemoの原罪とカラクリ」〈https://news.yahoo.co.jp/byline/yamamotoichiro/20161202-00065073/〉)。

19 競合他社にも同様の問題が存在した。本事件を受けて,リクルートの「ギャザリー」,KDDIの「nanapi」,サイバーエージェントの「Spotlight」「by. S (バイエス)」は,医療関係記事などの内容に問題があったとして一部記事の非公開化を実施した。また,LINEが運営する最大級のキュレーションサイト「NAVERまとめ」も,「DeNA関連の調査報告書で挙がった問題点について,考慮すべきものを洗い出し,取締役会で議論する」と表明した(週刊東洋経済2017年4月15日記事「大手企業も躓いたキュレーションの泥沼」22頁)。

3章5参照)したようにコピペチェック体制は不十分であった上に,サイトごとの対応のバラつきも非常に大きく,一部サイトの執筆マニュアルにはコピペを推奨するような文言まで存在した。

このうち執筆マニュアルに関しては,「(村田氏を始めとする)ボードメンバーは,そもそもマニュアルの存在,内容,運用実態について,ほとんど関心を持っていなかったため,ボードメンバー主導のもとで,意図的にコピペを推奨するかのような印象を与える文言がマニュアルに記載されたものとは認められない」(第三者委員会報告書82-83頁)とされる。しかし,マニュアルの作成に村田氏たちが関与していなかったとしても,コピペの禁止に向けた実効的な対策を取らなかった以上,コピペを黙示的に容認していたと解するのが妥当である。

村田氏はDeNAの執行役員に就任した後もiemo社の代表取締役を兼任していたが,そのiemoでは2016年1月からコピペチェックのやり方を大幅に変更しており,遅くともこの時点で村田氏は著作権侵害問題が相当に悪化している事実を認識したと推察される。しかし,グロースハック部でコピペチェックツールを導入したのは同年7月と遅れた上に,各サイトの対応には依然としてバラつきが大きく,キュレーション企画統括部から十分な指示がなされたとは認めがたい。したがって村田氏は,2016年夏の時点でも,著作権侵害問題を重大事と受け止めていなかったと推察される。経営者が強い期待を込めて登用した村田氏などの幹部がこのようにコピペ容認の姿勢であった以上,キュレーション事業の関係者にそれが伝染することは避けがたかった[20]。

DeNA経営者が,村田氏を登用することで「スタートアップのマインドの注入」を企図したこと自体は理解できる[21]。しかし,コピペを当然視する

---

20 「ある社員は「買収でグループ入りしたメンバーはベンチャーらしい経営のお手本として扱われ,その手法が尊重されていた。最初は異議を唱える社員もいたが,だんだんと"言っても聞いてもらえない"という雰囲気が醸成されていった」と明かす」(週刊東洋経済2017年4月15日記事「大手企業も躓いたキュレーションの泥沼」22頁)。
21 岸川・八杉・谷井(2008)は,「(成熟したベンチャー企業において)社内で起業家精神を呼び戻し,ベンチャー魂を維持発展させるには,起業家精神を持つリーダーの存在も必要であるが,実務に強い管理者の方が社内で新しい業務を創造する推進役になり易い」(同184頁)と指摘した。

業界内常識に染まった人物を事業責任者とした以上，何らかの内部牽制策を施すべきであった。第三者委員会報告書は，「DeNA は，村田氏及び中川氏には，このような（著作権侵害の）リスクに対する感度が十分に備わっていないと考えた上で，それ相応の対処をすべきであった。具体的には，村田氏及び中川氏のリスクに対する感度を補うべく，両名に対してコンプライアンス等の観点から強力な指導や監督ができる人材を配置し，あるいは DeNA 内の他の組織による強力な牽制を効かせる体制を整備するべきであった」（同 264 頁）と批判した[22]。

1.5 リスク管理の軽視

2014～2016 年度の DeNA の取締役会の構成は，社内取締役 3 人（南場氏・守安氏・川崎修平氏），社外取締役 2 人（鳩山玲人氏（→堂前宣夫氏）・大塚博行氏）であった。このうち技術担当の川崎氏を除く 2 人の社内取締役（代表取締役社長の守安氏と取締役会長の南場氏）は著作権侵害のリスクを事実上放置しており，社外取締役も後述（本章1.6 参照）するように企業統治機能を発揮していなかった。

1.5.1 守安氏の問題点

守安氏に関して南場氏は，「私もともと最初からあんまりサービスセンスとかないので，人の意見を聞くっていうことにしているんですけど，DeNA でいうと，今の社長（筆者注：守安氏）が結構自分でヒットをどんどん，大ヒットを作りだしてきた人なので，サービスに関してもカリスマなんですよね」[23] と説明している。この文脈では，「カリスマ」という言葉が「人の意見を聞かない」との趣旨で使われており，守安氏のワンマン経営と呼ぶべき状

---

22 ちなみに，以下に紹介する記事は，こうした業界内常識を将来的に変えていく上で，本事件が画期的な出来事であったと指摘している。
「（DeNA 事件が）WEB メディアとそれらを担う個人によって追及され是正されるという流れについては，業界として自浄作用が働いている事の証左ともいえますし，今回の件が大きく明るみに出る前から WEB メディアの中でも，とにかくお金が儲かればいいよ派 vs ちゃんとやろうよ派 みたいな対立が水面下ではあったわけでして，今回の件はいわば関ヶ原の戦いのようなもので，今後の WEB メディアの方向性を決定づけたと言えるでしょう」（Yahoo! ニュース 2016 年 12 月 9 日記事「炎上中の DeNA にサイバーエージェント，その根底に流れるモラル無き DNA とは」〈https://news.yahoo.co.jp/byline/yoppy/20161209-00065195/〉）。
23 ログミー 2015 年 3 月 10 日記事「「見えてない世界があった」DeNA 南場氏，メルカリが伸びる前に似た案を否定していたことを悔やむ」〈https://logmi.jp/business/articles/44010〉

況が生じていたと認められる。東証１部上場企業の代表取締役という立場を考えると，ワンマン経営は重大な懸念材料と言わざるを得ない。

さらに守安氏は，以下に示すとおりキュレーション事業のリスクに関してあまりに無策であった。

- iemo や MERY を買収した際に，法務部やカスタマーサービスによって，直リンク方式への移行などの「クリーン化作業」が実施された。これを受けて守安氏は，「著作権侵害のリスクへの対応策は完了し，その後もこれらの対策は継続されるものと認識し，その前提で，その後のキュレーション事業が運営されることとなった」(第三者委員会報告書57頁)とされる。事業開始の前提とされた重要対策にもかかわらず，そのフォローアップに守安氏が無関心であったことがうかがえる。
- 村田氏の勤務状況は，「iemo 立ち上げの時から，月１回，東京に来て後はシンガポールでリモートマネジメントというスタイルですし，経営会議はディー・エヌ・エーのシンガポール支社に行き，ビデオ会議で参加する」[24] とされ，キュレーション事業に対する日常的な業務監督が不足することは十分に予想可能であった。言い換えれば，村田氏を事業責任者に登用した守安氏自身が，日常的な業務監督を軽視していたことがうかがえる[25]。
- 守安氏はかねてから SEO の有用性を評価[26]しており，キュレーション事業で SEO 重視の記事量産方針を採用したことは，同氏の意向を踏まえたものであった[27]。また，前述（第２章2.3参照）のとおり事業の開

---

24 NEWSPICKS2014年10月2日記事「iemo 創業者村田マリ　私が，DeNA に「iemo」を売った理由」〈https://newspicks.com/news/640478/〉
25 守安氏が村田氏をキュレーション事業の責任者に登用した事情は，「新規事業をスタートアップさせるに当たり，社内にスピード感，健全なコスト意識，挑戦マインドを吹き込む役割を村田氏に期待」(第三者委員会報告書58頁)とされている。
26 守安氏は，「僕は SEO が好きなんです。昔，(DeNA が運営していたオークションサイトの) ビッダーズで SEO を実施し，トラフィックを上げた実績があるので，効果的だというのは身にしみて知っています。SEO 自体，悪いものだとは思っていません。ただ，効果的な SEO を重視したことで，ユーザーに向いて記事を作ることとのバランスを間違えたのではないか，という反省はあります」と語っている（日経ビジネスオンライン2016年12月8日記事「DeNA 守安社長，独自インタビューで胸中明かす」〈https://business.nikkeibp.co.jp/atcl/report/15/110879/120700510/?ST=print〉）。
27 「複数の関係者の証言をまとめると，この極めて打算的で倫理観や道徳心が欠如した計画を遂行したのは，守安社長に他ならない。村田氏は守安社長に知恵をつけ，計画を忠実に実行するいわば忠臣だ」（桜田（2017），34頁）。

始後も，守安氏は達成すべき DAU や営業利益を KPI に設定して推進状況を把握していた[28]。守安氏が SEO を重視し，これらの目標数値を非常に高いレベルに設定していたことが，記事品質の軽視や外部執筆ライターへの依存傾向を促進し，コピペの横行を誘発したのであるが，守安氏自身はそうしたリスクを認識していなかったとされる[29]。

- 守安氏は，「BuzzFeed（Japan）が公開した記事を見まして，マニュアルや指示の内容，例示の仕方など記事を作る一連のプロセスがクリーンであったか，モラル的に問題がなかったかと考えると，決してそうではない。記事の作り方に問題があると感じました」[30] と説明している。問題の記事が掲載されたのは 2016 年 11 月末であるが，それまでは記事作成プロセスを守安氏が把握していなかったことになる。

- 監修問題について守安氏は，「（2016 年 12 月から起算して）数カ月前から（WELQ について）医療関係者の監修がない状態で記事が公開されている事実を把握していました。当時，「後で監修をつければいいのではないか」と思っていた」[31]「記事が公開されている状態で後追いで監修の方に入っていただいて，必要なものを修正して監修をしていくと。公開しているものを順次監修していくということをやっていけばよいのではないかというふうに考えていた」[32] と説明している。健康や生命に関

---

28 守安氏は，「DAU（デイリーアクティブユーザー）や MAU（月間アクティブユーザー），売上といった数字の把握はしていました。あとは「SEO を重視していく」という方針は（自身が）出していたので，SEO を軸にしてメディアをグロースさせていく運営手法も知っていました」と説明している（TechCrunch 2016 年 12 月 1 日記事「DeNA 守安氏「認識が甘かった」－ WELQ に端を発したキュレーションメディアの大騒動」〈https://jp.techcrunch.com/2016/12/01/dena-moriyashu/〉）。

29 守安氏は，「（ライターとしては，）いわゆる仕事としては他の仕事をやっていながらも，（例えば iemo であれば）趣味がインテリア関連のもので，そういった記事を書くことによってお金をもらえるのであれば，よろこんで記事を書いてくださるという方がいるという話でした。（中略）ただ，記事の数を増やす過程において，どのような方たちがどのようなモチベーションで，その対価をどのように感じて記事を作っていたかというところは，正直まだわからないところがあります」と証言している（ログミー 2016 年 12 月 7 日記事「DeNA 守安氏「メディア事業に関する認識が甘かった」キュレーションサイト問題記者会見 質疑応答」〈https://logmi.jp/business/articles/173905〉）。

30 TechCrunch 2016 年 12 月 1 日記事「DeNA 守安氏「認識が甘かった」－ WELQ に端を発したキュレーションメディアの大騒動」〈https://jp.techcrunch.com/2016/12/01/dena-moriyashu/〉

31 30 と同

32 ログミー 2016 年 12 月 7 日記事「DeNA 南場氏「経営者として非常に不覚だった」WELQ の記事内容とネット上の医療情報について回答」〈https://logmi.jp/business/articles/173958〉

わる情報はリスクが高く，特別な配慮が必要であるという認識が守安氏に欠けていたと認められる[33]。
- 2016年9月にMERYに対するクレームについて報告を受け，守安氏は画像のサーバ保存が行われていた事実を把握した。しかし，守安氏が記事の適正化を図るためのキュレーション管理委員会の設置を指示したのは翌10月，さらに第1回の同委員会が開催されたのは同12月であり，危機対応に切迫感が認められない。
- DeNAの経営方式について村田氏は，「Facebookに似ていますよね。マーク・ザッカーバーグはInstagramやOculus，WhatsAppを買収しましたけど，ハンズオフ・マネジメントスタイル（買収先・投資先の経営者に任せる方式）です。DeNAも同じくハンズオフです」[34]と語っている。新事業の責任者に相当な自由度を与えるのは理解できるが，前述のとおり守安氏が著作権侵害のリスクを認識していた以上，所要の監督を実施せずに村田氏を放任していたのは不適切である[35]。

かつてゲーム事業を大成功させた実績に鑑みると，守安氏は，ITベンチャーにおける「攻め」＝事業伸長の才覚に非常に秀でているが，「守り」＝リスク管理の能力については疑問があると言わざるを得ない[36]。元会長の春田氏は，「いつもぶっきらぼうで，人としての感情や社会人としての礼儀が一部欠如しているあなた（筆者注：守安氏）ですが，私はあなた以上に頭

---

[33] ちなみに，同じく医療情報を扱っていたDeNAのヘルスケア事業部は，「法令遵守や倫理観に対する感度が高く，事業プロセスの中で，法務部などのコーポレート部門と綿密に連携しており，法的リスクや倫理的問題点の検討は十分になされていた」（第三者委員会報告書219頁）とされる。例えば，ユーザーの健康データに応じて健康情報を発信する「KenCoM」では，「1か月当たり，約30本から50本の記事を作成しており，記事の内容が医療に関連するか否かにかかわらず，全ての記事に医師監修を付けている」（前同218頁）とのことである。WELQとこれほど対応が異なっていたのは，夫君の病気の関係で医療問題に強い関心を有していた南場氏がヘルスケア事業を担当していたためと考えられる。
[34] ログミー2016年5月13日記事「DeNA南場氏「私は彼女の大ファン」 iemo村田マリ氏はどこが凄いのか」〈https://logmi.jp/business/articles/145196〉
[35] この件について第三者委員会報告書は，「当委員会の目からすれば，リスクを承知でキュレーション事業の事業責任者らによる広範な裁量を認め過ぎてしまったようにも見え（る）」（同264頁）と指摘した。
[36] リスク管理の必要性について，格付け委員会の國廣正委員は，「現在，日本企業には，「リスクへのチャレンジ」が強く求められている。しかし，それは「リスク管理の不在」を正当化するものではない。スピード感をもったリスクへのチャレンジを可能にするのは，リスクへの高い感度とリスク管理の仕組み（リスク管理体制）である」（格付け委員会（2017），5頁）と述べている。

の切れるビジネスマンに出会ったことがありません」(春田 (2015), 262 頁)と述懐しており, コミュニケーション力などの資質が守安氏に不足していたことが, リスク管理の不備の一因となったと推察される。

さらに言えば, そもそも守安氏がコンプライアンスを軽視していた可能性も否定できない[37]。桜田 (2017) は,「守安社長は村田氏に騙されたわけではない。村田氏が描いた成長戦略にあえて乗っかっただけでしょう。著作権の問題があることは認識したうえで, とにかく記事数と利用者数を伸ばし, 収益力がついたところで後から著作権問題を解決すればいい, という考えだったのだろう。炎上するまでは, すべて守安社長の計算どおりに事が運んでいたはず」(同 33 頁) との関係者の証言を紹介している。

1.5.2 南場氏の問題点

DeNA 創業者の南場氏が広範なステイクホルダーから非常に信頼されていたことが, 同社の立ち上げやその後の展開に大きく貢献してきたことは疑いない[38]。本事件の謝罪会見でも,「南場会長はその 2 日前に夫を亡くしたばかりだったが, 気丈に振る舞い, 3 時間超のあいだ誠実に真摯に応対した。これも奏功し, メディアを含む世間の攻撃熱を冷ますことに成功」[39]したとされる。その一方で, 以下に示すとおりリスク管理の面では, 守安氏と同様に機能していなかった。

- 南場氏は, 景品表示法違反事件の反省として,「新しい技術は, 新しい遊び方, 新しい事業を生む。すると新しい課題が発生し, 事業者は軌道修正を求められる。この問題はワンショットではなく, イノベーションがある限り続いていく。今後も新しい問題は必ず起きる。いや, 今すでに起こっていると覚悟するべきだ。事業者は, 問題を起こさないように

---

[37] 「守安さんはとにかく数字の人。人を見る目や倫理道徳観があまりないように見える」(日経ビジネス 2017 年 2 月 13 日号記事「躓いた DeNA ①　代償」22 頁)。

[38] DeNA の経営幹部で財務面を担当していた春田氏は, 次のとおり述懐している。
「DeNA の歴史は順風満帆ではなかった。事業はなかなか芽が出ず, 赤字が続いた。では, 資金が底を尽き, 会社が潰れるといった瀬戸際にまで追い込まれたかというと, そこまでの恐怖を味わったことはない。それを避けることができたのは,「皆が頑張ったから」というものではないと思っている。(中略) 最終的に生き残れたのは, ひとえに南場さんが初期のタイミングで多くの人からお金を集めることができたからだ。つまり, 南場さんが多くの人から信頼されていたことが最大の要因だったといっていい。まったくもって格好のいい経営者なのだ」(春田 (2015), 6 頁)。

[39] 日経ビジネス 2017 年 2 月 20 日号記事「躓いた DeNA ②　後手」22 頁

びくびくするよりも，新しい問題にアンテナを張り巡らし，積極的にユーザーや社会，行政と対話しつつ柔軟に対処し続ける姿勢と能力を持つことが重要だ」（南場（2013），187-188頁）と述べ，新たに発生する問題への備えを強調した。しかし，キュレーション事業の著作権侵害問題への対応の遅れを見る限り，「新しい問題にアンテナを張り巡らし」ていたとは言い難い。

- キュレーション事業の発足時（2014年12月）のインタビュー記事で南場氏は，「キュレーションメディアは，画像とか映像をアグリゲーションで拾ってきます。コピーライト（著作権）の問題についてはどのようにお考えですか」との質問に対し，「それは最も重要な課題です。一番そこを気を付けています。（買収した企業は）我々のような一部上場企業ではなかったところですので，同じスタンダードではオペレーションをしていませんでした。もちろんそこを変えてもらっています。そういう方向で大きく変更をかけています。十分に意識しています」と回答した[40]。しかし，事業開始後に南場氏が実情把握やリスク管理について特段の対応をした形跡は見当たらない。
- 南場氏は，著作権侵害問題で炎上事件を起こしたX氏の採用について，「決して安易に行ったわけではなく，経営会議でも採用していいのかという議論はあった。（問題があったとすれば）採用するという意思決定よりも，採用した後にしっかり教育できたのかという部分。ただ，結果として同じような過ちを当社自身が犯してしまったのは，私どもの認識の甘さだった」と弁解した[41]。しかし，採用後にX氏に対して具体的な指導がなされた形跡は見当たらない上に，同氏に対するリスク管理面の監督も実施していなかった。

以上のとおりリスク管理に関する南場氏の認識それ自体は適切と評価できるが，肝心の対策としての実態を伴っていなかった。その意味では，南場氏

---

40 ハフポスト2014年11月16日記事「南場智子さん「プログラミング教育で日本からザッカーバーグを」」〈https://www.huffingtonpost.jp/2014/11/15/tomoko-namba-dena-interview_n_6163592.html〉

41 ねとらぼ2016年12月7日記事「DeNAキュレーションサイト問題，スタッフに「元炎上バイラルメディア」の影」〈http://nlab.itmedia.co.jp/nl/articles/1612/07/news151.html〉

はリスク管理の「実行者」ではなく,「評論家」にとどまっていたと言えよう。

1.5.3 春田氏の退職

南場氏の「守り」の面での実務能力の不足をそれまで補っていたのが,2015年6月に退職した春田氏であった。春田氏退職の際のインタビュー記事で南場氏は,「春田さんは,警報を鳴らしてくれる存在でもありました。やっぱり現場はアクセルをふかしたくなっちゃうじゃない？ 春田さんはそういう時に『このタイミングでこんなことしていいの？』とか,『あっちの案件が動いているときにこれを動かすと危険じゃないか』とか,アラートを発してくれる。それは非常にちゃんとした知識とセンスに基づいているので,彼の鳴らす警報はみんなが注意して聞いていましたね」[42]と述懐している。

かつて援助交際問題では,自主規制団体の設立やサイト内のパトロール体制の整備などの対策を春田氏が主導した（春田（2015），165-177頁）。前述（第1章2参照）のとおり独占禁止法違反事件では,春田氏が「（公正取引委員会の）立ち入り検査の前に,僕は『やり過ぎると,お前,公取委に入られるで』という話は社内でしていた」[43]とされ,景品表示法違反事件でも,射幸性の強い「コンプガチャ」について,「春田氏はいち早く「やりすぎは良くない」「長続きしない」と社内に警鐘を鳴らしていた」[44]とのことである。以上のように春田氏が属人的にリスク管理面を補佐していたところ,同氏の退職により経営陣のリスク管理能力の不足が露呈したと推察される。

ちなみに,春田氏退職の際に南場氏は,「本当に春田ほどのネクストは育ってないんですよ。正直。それってたぶん,春田がいるからだろうなと思うんですね。会社がいつまでたっても彼に甘えているというか。いつまでも春田ありきで,次が育たないというのは,よくないな」[45]と述べている。今回の事件を通じてDeNA内にリスク管理の中核となった上級管理者は見当

---

[42] 日経ビジネスオンライン2015年4月20日記事「「私という人間は春田と2人で社長だった」DeNA南場氏の思い」〈https://business.nikkeibp.co.jp/article/opinion/20150417/280086/?ST=print〉
[43] 日経ビジネスオンライン2015年4月16日記事「プロ野球参入・公取委立ち入り,DeNA春田氏が明かす舞台裏」〈https://business.nikkeibp.co.jp/article/opinion/20150415/279999/?ST=print〉
[44] 42と同
[45] 42と同

たらず，春田氏が抜けた穴を埋めるための人材の登用やスカウトが進んでいなかったと推察される。

この点に関して第三者委員会報告書は，「全社横断的に事業のコンプライアンス及びリスク管理上の問題点を把握し，改善を提言し実施していく，事業の推進者とは独立した思考ができる強い権限をもった役員レベルの者は存在していなかった。もしこのような者が存在していれば，早期に本問題の芽を摘むことができたのではないかと思われる」（同 273-274 頁）と指摘している。

1.6 企業統治の不在

守安氏によるワンマン経営が放置された背景として，DeNA の創業者かつ大株主の南場氏が守安氏に対し過度の思い入れを持っていたことに加えて，社外取締役に南場氏と同質性の強い人物が起用されていたことから，経営者の監視という面での企業統治が十分に機能していなかったと認められる。なお，取締役会及び社外取締役の動向については第三者委員会報告書の説明が非常に少なく，その内情を把握できなかったために，分析の掘り下げが不十分となってしまったことはまことに残念である[46]。

1.6.1 南場氏の過度の思い入れ

2011 年 6 月に南場氏が社長を退任した際に，常務取締役の春田氏ではなく，取締役の守安氏を後任に指名した。その事情について春田（2015）には，「（南場氏が）「私は，守安が社長をやって DeNA を引っ張っていく姿を見たいんだよね。あいつは，どうしようもないところもあるけど，ザッカーバーグ以上の経営者になれると思ってる」（と話した。）南場さんは以前から守安の才能を愛していると言っていた」（同 195 頁）と記されている[47]。

---

[46] この点については，格付け委員会の竹内朗委員も，「取締役会や監査役会が十全に機能せず，結果として守安氏の暴走を許してしまったことについて，当時の取締役会や監査役会が一体何をしていたのかという点の事実描写が極めて薄く，当時の取締役や監査役の肉声も聞こえてこない。この点についてさらに調査の深度を上げていれば，他社のガバナンスに警鐘を鳴らすより価値の高い調査報告書になったと思われる」（格付け委員会（2017），10-11 頁）と批判している。

[47] 南場氏は自著で「守安については常に可能性を意識していた。こいつに（社長を）やらせたら面白いだろうな。伸び伸び暴れさせてやりたいな，と。ビル・ゲイツやスティーブ・ジョブズを超える経営者になるのではないだろうか，とも感じていた」（南場（2013），160 頁）と述べ

DeNAの創業者で大株主の南場氏が，このように守安氏に対し過度の思い入れを持っていたことが，同氏によるワンマン経営の放任につながったと考えられる。この点について桜田（2017）は，「DeNAに2016年まで勤めた社内をよく知る元社員は，こう証言する。「守安独裁と言っていいほど，DeNAという会社は守安社長のやりたい放題。南場さんは守安社長を後任社長に指名した手前，よほどのことがない限り，守安社長の方針に背くことはない。創業者の後光が，守安社長の独裁色をさらに強くしている」」（同27頁。傍点筆者）と記している[48]。さらに，事件後に守安氏が代表取締役の座にとどまったのも，やはり南場氏の支持によるものであった。

　2016年12月7日時点の記者会見で守安氏は，記者から「今回の責任については，このサイトについて対応をされたところでお辞めになるということでよろしいんでしょうか」との質問を受けると，「辞める予定，つもりはございません。信頼を回復して，企業を成長させていきたいというふうに考えております」ときっぱり表明している[49]。守安氏が強力に推進したキュレーション事業で重大な不祥事が発生したことや，まだ第三者委員会の調査が始まっていないことを勘案すると，この段階で留任を表明するのはいかにも拙速である。しかし，同じ記者会見の場で南場氏が早々と留任を支持したことにより，社内外からの批判は封じ込められた。

　ちなみに，この記者会見の際に南場氏は，「（守安氏は）法律違反にならないようにやれという指示はきちんとするんだけれども，それ通りに現場がなっているかどうかということの確認にどれぐらい時間を使っていたのか？それよりももっともっと攻めを打っていくんだというところのアイデア出しとか分析とか，そこにどれくらい時間を使っていたのか，（中略）そこのバランスの問題というのは非常にDeNAは大きく見直す必要があるという風

ている。
48　第三者委員会報告書は，守安氏を名指しする形ではないが，「リーダーには，このような監視やチェックの声に真摯に耳を傾け，自らの行きすぎを律する心構えが求められ，また，このような監視やチェックの声を躊躇のうちに消失させてしまわないような社内コミュニケーション体制や環境の構築が求められる。独裁や独走は，リーダーの資格がない者のすることである」（同274頁，傍点筆者）と批判している。
49　ログミー2016年12月7日記事「DeNA南場氏「経営者として非常に不覚だった」WELQの記事内容とネット上の医療情報について回答」〈https://logmi.jp/business/articles/173958〉

に認識しております。(中略)(守安氏も)今回のことで本当によくわかったんじゃないかなと思いますので，私は引き続き守安に社長をやってもらって，もちろん私の一存で決められることではなくて，取締役会で社外取締役も含めて議論してまいるべきことですけれども，私個人はそのように思っております」と発言している[50]。

「守安も今回のことで反省しただろうから，引き続きチャンスを与えてください」という言葉に，南場氏の「保護者意識」が露骨に表れている[51]。その一方で，守安氏がリスク管理を軽視していたことの重大性や，本事件によってDeNAの株式価値を大きく毀損したことに対する責任の自覚，さらには南場氏自らもリスク管理の実行面で不行届きがあったことに対する反省は希薄と言わざるを得ない。

上場企業となったDeNAは社会の公器であるにもかかわらず，南場氏自身は，ベンチャー企業のオーナーという感覚から抜け切れていないのではなかろうか。桜田（2017）は，「DeNAを創業した南場会長はいまでも社員から慕われ社内に絶大な影響力がある。そうした人物が許すのであれば，もはやDeNAに，面と向かって守安社長を咎める者はいない」（同38頁）と厳しく批判している。

1.6.2 社外役員の機能不全

日本における社外取締役の現状等について分析した樋口（2013a）は，「不適切な経営による企業価値の毀損を防止するために，経営者を監視・監督・評価することを取締役会の主たる役割」（同66頁）とするモニタリング・モデルに立脚し，「企業統治の機関として社外取締役を位置付ける以上，経営者からの独立性をその本質的要素と認識する必要がある」（同64頁）と論じた。

企業統治と組織不祥事の関連性については，大王製紙特別背任事件及びオリンパス不正会計事件において，経営常識から見て明らかに異常な事態が発

---

[50] ログミー2016年12月7日記事「「守安に引き続き社長をやってもらいたい」DeNA南場氏が語った守安氏への信頼」〈https://logmi.jp/business/articles/173995〉

[51] この点について桜田（2017）は，「（本件不祥事が起きたにもかかわらず）それでも守安社長は許される。DeNAに詳しい大手紙の記者は「南場会長の揺るがぬ寵愛を受けた甘いガバナンスこそが帝国最大のリスク」だと指摘する」（同37頁）と述べている。

生し，それを十分に認識できたにもかかわらず，取締役や監査役，さらには社内の内部統制部署も沈黙していた問題を踏まえ，樋口（2014）は，企業統治が健全に機能していない企業では内部統制が形骸化することは必然であるとした。このリスクを「企業統治の機能不全による組織不祥事リスク」と名付けて，「企業統治が機能不全に陥っているために，内部統制が無力化して組織不祥事が誘発されるリスク」と定義し，経営実践上の含意として，制度面で企業統治の外形を整えるだけでなく，それが実際に機能していなければならないと指摘した（同226頁）。

さらに，東芝不正会計事件を分析した樋口（2017）は，「企業統治が形骸化する最大の理由は，経営者の側に，上場会社は公的な財産であるという意識が不足していることであろう。（中略）今日では，社会的要請により社外取締役の選任を余儀なくされたものの，同様の理由で経営者が自ら安住するために，敢えて社外役員としての職責を果たし得ない人物を選任する傾向が存在するのではないかと推察される」とした上で，「企業統治の実質を回復するために，経営者からの独立性と監視能力の面で適切な人物を選任すればよい。しかし，社外役員を実質的に選任しているのは，監視される側の経営者であるというジレンマが存在する」と指摘した（同136-137頁）。

第三者委員会報告書は，問題のキュレーション事業に関して，「取締役会や監査役会においては，キュレーション事業は順調に成長しているという収益面ばかりが報告され（た）」（同268頁）として，「当委員会は，DeNAが行っていたキュレーション事業の真の実態が一体どのようなものであったのかを正確に理解していた者あるいは相互に理解を共有していた者が，DeNAの取締役や監査役の中に（中略）本当に存在していたといえるか疑問を感じざるを得ない」（同262頁）と分析している。しかし社外役員としては，ゲーム事業に次ぐ新しい柱として期待される新規事業を見極めるために，そのリスクについても関心を持つことが要請される。

取締役会に対しては，前述（第2章1.3.1参照）のとおり2014年8月20日に著作権侵害リスクに関する説明がなされていた。それにもかかわらず，「（キュレーション）事業のあり方や著作権侵害などの事業上のリスクについて，（中略）報告を求めたこともなく，また，議論をした証拠も見られない」

(第三者委員会報告書230頁)のは，社外取締役の職責に照らして不適切と言わざるを得ない[52]。

さらに言えば，前述した守安氏の代表取締役留任に対し，取締役会で異論が提起された形跡がないのも不可解である。主力のゲーム事業の業績低下は，競合企業も同様であることからやむを得ないとしても，キュレーション事業の不祥事に対する守安氏の監督責任は明白である。さらに，前述（第1章1.4参照）のとおり守安氏が取締役会長を務めていたDeNA Globalで巨額損失が発生したことや，守安氏がDeNAの社長に就任してから手掛けた新規事業のcomm及びGroovyが失敗したことを勘案すると，社外取締役としては，この機会に守安氏の経営手腕を疑問視してしかるべきであった。

以上のようにDeNAでは，社外取締役による企業統治が機能していなかったと認められる。さらに，後述（本章2参照）するようにリスク管理部門も形骸化していたことから，「企業統治の機能不全による組織不祥事リスク」が発現していた可能性が高い。ちなみに，2014〜2016年度には，以下の3人（同時には2人）の社外取締役が選任されていた。

- 鳩山玲人氏（2013年6月〜2016年6月）　三菱商事出身，サンリオ常務取締役，LINE・トランスコスモス等の社外取締役
- 堂前宣夫氏（2016年6月〜）　南場氏と同じくマッキンゼー出身，元ファーストリテイリング取締役
- 大塚博行氏（2015年6月〜）　住友銀行出身（春田氏と同期生），投資ファンドのカーライルグループパートナー

彼らについて桜田（2017）は，「社外取締役の2名は，いずれも南場会長が長年にわたって口説き落とした面々で，南場会長の意に背くようなことはしないだろう」（同38頁）と指摘しており，経営者からの独立性の面で疑問が残る。たとえ独立性に問題がなかったとしても，3人のいずれも南場氏と同様の（＝一般の日本企業の経営者とは異なる）キャリアを積んできた人物であるだけに，南場氏と同質の思考を有していた可能性が高い。前述のとお

52　格付け委員会の久保利英明委員も，「ゲーム事業に代わる収益の柱として位置づけられているにもかかわらず，なぜ取締役会で議論されなかったのか。これこそが調査対象の本筋である。社外取締役や監査役がこれらに関心を持たなかったとすれば，重大なガバナンス上の欠陥と言わざるを得ない」（格付け委員会（2017），3頁）と批判している。

りモニタリング・モデルに則して経営者を監視するのが社外取締役の役割であるところ，経営者と同質の人物ばかりを選任すれば，経営者とは異なる視点からチェックすることが困難になるのは当然であろう。

なお，監査役会については，「キュレーション事業は，軌道に乗っていると報告を受けていたほか，内部監査報告書による報告を受けていたにとどまり，それ以上の事業上のリスクや問題点について報告を受けることはなかった」（第三者委員会報告書230頁）とされる。2015年1月から9月にかけて，iemo社，ペロリ社及びFind Travel社に対して監査役による業務監査が実施されたが，特段の問題は指摘されておらず，著作権侵害問題は看過された模様である。当時は3人の社外監査役が任命されていたが，第三者委員会報告書には何の記述もなく，その活動状況は不明である。

1.7 小括

第三者委員会報告書は，「当委員会としても，DeNAを全社的に見た場合，比較的コンプライアンス意識の高い企業であるとの印象を持った。しかしながら，キュレーション事業はこうした高いコンプライアンス意識を持ち合わせたDeNAの社員によって一から立ち上げられた事業ではなく，iemo社やペロリ社といった外部のベンチャー企業を買収して開始された事業であり，いわば「DeNAのDNA」を持ち合わせていない者達によって始められた事業であった。iemo社やペロリ社は，DeNAと比べると創業から間もない小規模な会社であって，法務部門やコンプライアンス部門も確立しておらず，必ずしもコンプライアンス意識が高かったとは言い難い。（中略）本問題に関して言えば，DeNAはiemo社及びペロリ社の買収を契機に，iemo社やペロリ社の役職員のコンプライアンス意識をDeNAのコンプライアンス意識と同じ水準にまで早期に高める必要があり，そのための施策が講じられるべきであった」（同263頁）と指摘し，村田氏などのコンプライアンス意識が低い「新参者」の影響を強調した。

しかし，「新参者」を登用したのはDeNA経営者である上に，DeNA経営者の成長優先・数値偏重の経営姿勢やリスク管理の軽視が不正を誘発し，さらに同事業に配置された相当数のDeNA社員が「永久ベンチャー」との自

己正当化のもとに追随したと認められる。その意味では，本事件は紛れもなくDeNAの企業体質が生み出した不祥事であり，「新参者」に責任を帰するが如き第三者委員会報告書の記述は不適切と言わざるを得ない。

次に，こうした経営上の問題点が放置された背景として，南場氏が守安氏に過度の思い入れを抱くとともに，経営者の監視という面から適切でない社外取締役を選任していたために，企業統治が機能不全に陥っていたことが挙げられる。DeNAが上場企業に成長したにもかかわらず，南場氏がベンチャー企業のオーナーの感覚から依然として脱却できていないことが，今後の同社にとって重大なリスクと考えられる。

ちなみに，ライブドア証券取引法違反事件のように，他の著名なベンチャー企業でも経営者のリスク管理面での未熟さが不祥事を引き起こしたケースが散見され，それは海外においても同様である。

南場氏は，かねてからFacebookの創業者・CEOのザッカーバーグ氏を経営者として高く評価していたが，同氏はFacebookから大量の個人情報が不正に流出したことを2015年に認識しながら，その追及を懈怠するとともに，2018年3月に発覚するまで流出の事実を公表しなかった[53]。「米議会で開かれた公聴会では「流出が分かった時点で，利用者や当局に通知しようとは考えなかったのか」と詰問され，ザッカーバーグ氏は「当時，問題は解決したと思っていた」と釈明した」[54]とされ，ザッカーバーグ氏のリスク管理能力には重大な問題があると言わざるを得ない。その他にも，2017年6月にライドシェア最大手のウーバーテクノロジーズで，やはり不祥事により創業者・CEOのカラニック氏が辞任に追い込まれている[55]。

このように急成長を遂げたITベンチャー企業で，リスク管理上の問題によって不祥事が発生する背景として，「急激な拡大による歪み」と「経営方式の変革の遅れ」が挙げられる。

---

[53] 流出した8000万人超の個人情報が2016年の米大統領選の際に使用され，選挙結果に相当な影響を与えたとされる。
[54] 日経ビジネス2018年4月23日号記事「フェイスブック，3年間沈黙の代償」24頁
[55] 「(カラニック氏は，)セクハラや差別の放置など不祥事が続いたことを受け，投資家からの圧力で退任を強いられた。(中略)ウーバーは法令順守を軽視する攻撃的な組織文化で知られ，カラニック氏はその元凶とみられていた」(日本経済新聞2017年6月22日朝刊記事「ウーバー創業CEO辞任　カラニック氏，不祥事続き株主ら圧力」)。

前者の「急激な拡大による歪み」に関しては，大和銀行ニューヨーク支店巨額損失事件を分析した樋口（2006）が，不正の舞台となったカストディ（証券保管）係の業務量が3年間で20倍以上に膨張していたことに注目して，「業務負担やその重要性が急速に拡大している部署において，リスク管理体制のレベルと実際の業務内容とのバランスが一時的に崩れる危険性が認められる」（同68頁）と指摘した。経営実践上の含意としては，急速に成長している企業あるいは事業分野では，リスク管理体制が規模の拡大に追いつかなくなるおそれがあることに留意し，リスク管理の現状を随時点検するとともに，将来を見越して早めの体制整備に努めることが必要であるとした。

　後者の「経営方式の変革の遅れ」に関しては，ベンチャー企業の起業家は，「攻め」を重視するあまり，「守り」であるリスク管理を軽視する傾向があると考えられる。事業の立ち上げ時であればやむを得ないとしても，事業が成功して規模が拡大した後は，CSR（企業の社会的責任）に照らし，「守り」の面でもバランスが取れた経営方式に変革することが要請されるが，現実問題として，起業家が自己変革を図るのは容易でない。この問題については，次章で詳しく述べることにする。

■ 2　リスク管理部門の機能不全

　キュレーション事業に関する著作権侵害のリスクについては，iemo及びMERYの買収時のDDで明確に指摘されていた。また，「誤った情報，不正確な情報，あるいは適切さを欠いた情報は，情報の受け手となる一般ユーザーにとって利便性をもたらすどころか害悪を与えかねない」（第三者委員会報告書261頁）ことは当然であり，特に医療・健康関係の記事に関しては人身被害の発生が懸念される。したがって，DeNAのリスク管理部門は，著作権侵害のリスクを封じ込めるためにキュレーション事業への監視と支援を継続的に実施するとともに，医療・健康関係記事を取り扱うcutaとWELQに関しては特段の注意を払うべきであった。

　キュレーション事業に関係するDeNAのリスク管理部門としては，契約に関する業務・知的財産権に関する業務・訴訟対応等を担当する法務部，内

部監査を担当する内部監査室，M&A案件を評価する戦略投資推進室，コンプライアンス研修を担当するコーポレート企画部が挙げられる。しかしこれらの部門は，以下に示すとおり，いずれも機能不全に陥っていたと認められる。

なお，リスク管理部門が機能不全に陥った事情については，第三者委員会報告書の説明が非常に少なく，その内情を把握できなかったため，分析の掘り下げが不十分となってしまったことはまことに残念である[56]。

2.1 法務部

法務部は，経営企画本部に所属し，15人前後の社員が業務に当たっていた。同部の役割としては，「DeNA内で新規事業が立ち上がる際には，事業・投資を所管する部署とともに，立上げ当初から継続して案件に関与することも多かった。その際，法務部は，事業としての魅力が大きくても，指摘すべき法的リスクについては，率直に指摘するとともに，単に法的リスクの指摘にとどまらず，事業を積極的に展開していきたいという所管部署側のニーズを汲んで，解決策を提案することもあった」（第三者委員会報告書220頁）とされる。

早稲田大学アントレプレヌール研究会（2001）によれば，ベンチャー企業で法務面の事業リスクが顕在化することは珍しくなく，「参加・協力者の受け入れ，新たな企業提携・M&A（買収・合併），国際取引や海外進出，知的財産権紛争防止策などのリーガル（法的）面での注意の不足から思いがけない打撃を受けるベンチャーは日米を問わず，枚挙にいとまがない」（同292頁）とされる。

キュレーション事業に関しては，法務部はDDを通じて著作権侵害リスクを十分に認識していた。さらに，CSに寄せられた苦情のうち重要性の高い案件への対応について相談を受けており，著作権侵害問題の実情を相当程度

---

[56] この点については，格付け委員会の久保利委員も，「内部監査部，法務部，監査役部局などの内部統制組織の機能不全についての原因を含めた調査がなされていない。（中略）本報告書は，直接的かつ表面的な原因についての言及はあるが，真因については全く究明されて（いない）」（格付け委員会（2017），3頁）と厳しく批判している。

まで把握していたと推察される[57]。しかし，以下に示すとおり同部は受動的対応に終始し，是正策を積極的に講じようとはしなかった。

2.1.1 著作権侵害リスクへの対応

法務部は，iemo・MERY・Find Travel を買収した際の DD を通じて，キュレーション事業における著作権侵害のリスクを認識し，直リンク方式への移行などの「クリーン化作業」を指示した。第三者委員会報告書は，「法務 DD において具体的なリスクを把握していた法務部が，キュレーション事業が軌道に乗るまでの間，そこに内在するリスクが顕在化しないよう常に監視とチェックを続けるべく，より主体的かつ積極的な関与の場を確保し奨励するといった施策などもあり得たのではないか」（同264頁）と指摘した。

しかし，その後に同部が実施した対策は，2015年10月にWELQ・GOIN・UpIn・PUULを同時に立ち上げた際に，キュレーション企画統括部の依頼により記事内容の確認に協力したこと及びPUUL編集部の依頼により，執筆マニュアルの内容を確認したことの2件にとどまった。対策の推進状況をフォローアップしたり，他のサイトに対策を横展開したりするなどの能動的な措置を実施しておらず，リスク管理部門としての主体性を欠いていたと言わざるを得ない。

このうち「クリーン化作業」を実施したiemo・MERY・Find Travel について，法務部では，買収時の対策で問題は解決したと考えていたと弁解している。しかし少なくともMERYについては，2015年2月に画像の無断利用についてのクレームをペロリ社の担当者が同部に相談した際に，画像のサーバ保存についても説明した事実が認められる。

この件では，法務部担当者がサーバ保存を止めるよう提案したと弁解しているが，「ペロリ社においては，このクレームをきっかけとして，それまで以上にペロリ社提携サイトを増やすことに注力するようになったが，その一方で，サーバ保存を改めるという措置はとらなかった」（第三者委員会報告書126頁）とされる。事後に法務部がMERYの対応を確認していないこと

---

[57] この点について第三者委員会報告書も，「法務部は，当委員会のヒアリングに対して，キュレーション事業の実態に対する理解が正確でなかったと説明するが，当委員会は，そのような説明を受け入れかねる」（同267頁）と認定した。

に鑑みても，サーバ保存の中止を同部が提案したとの説明は疑わしい。

　ちなみに，法務部が何らかの対応を行ったのは前述の7サイトだけで，残りの3サイト（CAFY・JOOY・cuta）への対策の横展開は実施されなかった。その理由について法務部は，「取り扱うテーマの性質上，特段の法的リスクを孕んでいるわけではないと考え（ていた）」（第三者委員会報告書222頁）と説明している。しかし，これらの3サイトに著作権侵害のリスクがないと同部が判断したことに，合理的根拠はまったく認められない。

　また，前述（第3章5.8参照）のとおり法務部は，CSに寄せられたクレームのうち重要性の高い案件について事業推進部から相談を受けていた。それに対する同部の助言の基本スタンスは，「指摘を受けた画像や記事は削除するが，プラットフォーム型のサイトであるので，プロ責法の適用によりDeNAは法的責任を負わない」というものであった。

　しかし，少なくとも一部のクレームについては，当該記事を外部執筆ライターに作成させていた（＝DeNA側は法的責任を免れない）ことを法務部でも認識していたのであり，こうした助言を行ったことは不適切極まりなく，同部のコンプライアンス意識の欠如を批判せざるを得ない。さらに，この助言によって一部のPOが，著作権侵害の記事であってもDeNAは責任を負わないと誤解し，記事内容のチェックを疎かにした状況が認められ，法務部の責任は重大である。

2.1.2　記事監修への対応

　前述（第3章3.3参照）のとおりWELQの立ち上げの際に，薬機・医療関係法令に抵触するリスクや健康被害が発生した場合の訴訟リスク等を問題視した法務部は，医師監修の必要性を表明するとともに，初期段階の記事内容の確認に協力したが，その後は特段の対応をせずに放置している。少なくとも医療・健康関係記事を取り扱うcuta及びWELQに関しては，医師監修を必要とする記事が掲載されていないか，定期的にフォローアップを行うべきであった。

　また，UpIn編集部から，金融関係等の専門性の高い記事について，専門家による監修を行った方が良いのではないかとの相談を受けていたが，法務部で何らかの対応をした形跡は認められない。金融関係については，記事の

間違いが読者に重大な不利益を与えかねないことに加えて，相場変動を目的とした風説の流布（金融商品取引法第158条違反）や，営業上の信用を害する虚偽事実の告知（不正競争防止法第2条15号）などの違法行為が発生するおそれがあるため，法務部では監修の必要性を明示すべきであった。

2.1.3 法務部の姿勢

以上のとおりキュレーション事業への対応が不十分となった理由について，法務部側は，「事業の実態に対する理解不足」と弁解しているが，実際には同事業の問題点について相当程度認識していた。それにもかかわらず，キュレーション企画統括部やサイト編集部から具体的な依頼を受けた場合を除き，自ら能動的に対策を実施することはなく，敢えて同事業への介入を避けていた様子が認められる。

この消極姿勢について第三者委員会報告書は，「これまで法務部は，ヘルスケア事業における新規事業の立上げをはじめ，他の事業部門に対するチェック機能を果たしてきたにもかかわらず，なぜキュレーション事業に対してはこうしたチェック機能を十分に果たせなかったのか，当委員会にとっても不思議でならない」（同267頁）と疑問を呈した。その上で，「そこにはDeNAとは異なる文化を持ってDeNAに入ってきた者達への遠慮や，キュレーション事業を成長の柱と位置付けて強力に前に推し進めようとしていた経営陣らへの遠慮が少なからず存在していたように思われてならない」（前同）として，「異なる文化を持つ者への遠慮」及び「同事業を推進する経営者への遠慮」という2種類の「遠慮」がその背景になっていたと指摘した。

前者の「異なる文化を持つ者への遠慮」に関連して，「法務・人事等のコーポレート部門のコントロール権限の行使に対して，キュレーション事業側が「成長スピードを犠牲に，慎重さを求めるのか」などと過剰に反応した場面」（第三者委員会報告書271頁）が見られたとされる。その具体的な状況は不明[58]であるが，リスク管理部門に対して事業部門がこのように抵抗するのは尋常ではない。

前述（第2章1.4参照）のとおり南場氏は，「スタートアップのマイン

---

[58] この一件はキュレーション事業の運営を分析する上で貴重なエピソードであるにもかかわらず，第三者委員会報告書にそれ以上の説明が欠落しているのは不可解である。

がDeNAに注入され，DeNA社内に，失われかけていた「永久ベンチャー」の雰囲気が呼び戻されることを期待」（第三者委員会報告書58頁）していた。この強い期待を背景に，キュレーション事業関係者が『虎の威を借る狐』と化していたのではないかと推察される。言い換えれば，「異なる文化を持つ者への遠慮」とは，「スタートアップのマインドの注入」に期待をかける経営者に法務部が間接的に「遠慮」したと考えるべきであろう[59]。

後者の「同事業を推進する経営者への遠慮」については，事件後のインタビュー記事で南場氏が，「（主力のゲーム事業の業績が低下していく中で）キュレーション事業が成長し，久しぶりにうまくいっているぞとなり，管理部門も含めて組織全体が高揚していった。みんなして，もっと成功させたいという気持ちが大きくなっていたんです。その高揚に水を差したくないという心理が組織全体にかなり強く働いてしまっていた」[60]と述懐している。キュレーション事業の好調な出足に経営者以下が「高揚」し，「それに水を差したくない」という「遠慮」がリスク管理部門を含む「組織全体」に形成されていたのである。

以上のとおり，2種類の「遠慮」は，いずれも経営者に対する「遠慮」がその中核であった。この「遠慮」をより直接的に表現すれば，経営者への迎合による職責の放棄である。

樋口（2017）は，オリンパス不正会計事件や東芝不正会計事件の分析を踏まえ，下位者が上位者に迎合することにより組織不祥事が生起する問題を「上位者への迎合のリスク」と名付け，「強圧的な上位者に対して下位者が迎合的になるために，上位者の不適切な指示に対する組織内の抵抗が希薄となり，あるいは上位者に追従した報告が行われることにより，組織不祥事が誘発されるリスク」（同120頁）と定義した。

守安氏がワンマン的な経営を行っていたことは前述（本章1.5参照）した

---

59 この件について第三者委員会報告書は，「DeNAは，「大企業病に陥っているDeNAに，iemo社やペロリ社のスタートアップのマインドを浸透させる」という旗印の下，iemo社やペロリ社のコンプライアンス意識に積極的にメスを入れるのではなく，逆に遠慮してしまっていたように思われる」（同263頁），「（DeNAは，）スタートアップマインドの名の下にこれらの者ら（筆者注：村田氏たち）を「大人が見習うべきある種の模範」として据えてしまったようにも感じる」（同264頁）と指摘した。
60 日経ビジネス2017年10月9日号記事「私たちは挑戦を諦めない　南場智子氏」79頁

とおりである。南場氏についても，その経営手法が「強圧的」と呼べるかどうかはともかくとして，創業者かつ大株主で，強いカリスマ性を有する同氏がキュレーション事業に強い期待をかけていた[61]ことを，法務部担当者が「圧力」と感じたとしても不思議ではない。かくして「上位者への迎合のリスク」が発現して，キュレーション事業部門への介入をなるべく避けようという意識が法務部に生じ，機能不全に陥ったと推察される。

2.2 戦略投資推進室

戦略投資推進室は，M&A 案件を評価する部署であり，その室長は執行役員であった。福岡のイベントから戻った守安氏は，戦略投資推進室に iemo 社買収に関して検討するように指示したが，すでにこの時点で守安氏は，「iemo 社買収の決意を固めていたため，買収の是非について，戦略投資推進室に見解を求めることはなかった」（第三者委員会報告書 53 頁）とされる。

同室の室長については，第三者委員会報告書が「DeNA の役職員の中ではキュレーション事業の特性やリスクについて深く理解していた」（同 264 頁）と評価している。また，その後に戦略投資推進室の室員が，iemo 社の買収価格の妥当性についての疑義や著作権侵害のおそれがある事業に着手するリスクについて守安氏に説明した事実がある。これらに鑑みると，同室に買収の是非を評価させた場合，否定的な見解が提出される可能性は小さくなかったであろう。しかし，ワンマン経営者であった守安氏が，買収することは決定済みとの姿勢であったことから，戦略投資推進室は買収について評価する機会を失した。

樋口（2017）は，M&A の際に「買収前の基礎的な検討の不足」が生じる原因の一つとして「内部牽制の欠如」を挙げ，「リスク管理部門や財務部門の独立性の不足により内部牽制機能が十分に発揮されず，安直な M&A の実行を制御できなかったケースが少なくない」（同 250 頁）と指摘した。

---

[61] キュレーション事業責任者の村田氏に対しても南場氏は相当な思い入れを抱いており，「私はマリさんの大ファンなんです（中略）日本の女性シリアルアントレプレナーとしては，私が知る限り唯一の方ですね。もちろんそれだけが理由ではなくて，マリさんからはたくさんのワクワクする刺激を受けています」と語っている（ログミー 2016 年 5 月 13 日記事「DeNA 南場氏「私は彼女の大ファン」 iemo 村田マリ氏はどこが凄いのか」〈https://logmi.jp/business/articles/145196〉）。

DeNA においても，守安氏のワンマン経営により，戦略投資推進室のリスク管理機能がバイパスされたと認められる。

また，戦略投資推進室は，iemo 社の買収に伴って PMI（Post Merger Integration の略。被買収会社を統合するプロセスのこと）を計画していた。この PMI に関しては，「（被買収企業の）コンプライアンス意識の差を無くすよう，買収後は，買収した企業が牽引役となって買収された企業の役職員のコンプライアンス意識を高めていく努力を続ける必要があり，これは PMI の 1 つの重要な要素である」（第三者委員会報告書 263 頁）とされる。しかし，村田氏がキュレーション事業を主導することになったため，戦略投資推進室は PMI を実施しなかった。

この件については，村田氏の執行役員就任により，「スタートアップのマインドの注入」という経営者の意図が明白となったことから，戦略投資推進室としても，これ以上キュレーション事業に介入すべきではないとの判断に至ったと推察される。その意味では，法務部について指摘したのと同様に，「上位者への迎合のリスク」が発現したと解される。

2.3　内部監査室

内部監査室は，6 人体制で内部監査及びシステム監査を担当していた。2015 年度の監査計画では，キュレーション事業について，「重要な法令違反等の立上げを阻害する可能性の高い事項についてのみ監査を実施」（第三者委員会報告書 228 頁）するとされた。しかし 2016 年 1 月から約 8 週間にわたった内部監査では，画像に関する著作権についてのみ調査が行われた。

しかも同室では，画像提供元の利用許諾を確認しただけで，「ウェブサイト上の記事や画像を 1 つ 1 つ又はサンプル的に確認するまでのことはしておらず，各関係者に対して，記事作成の方法や画像の利用方法について，概括的にヒアリングしたにとどまった」（前同）とされる。その際にペロリ社から画像をサーバ保存している旨の説明も受けたが，ペロリ社側がサーバ保存は問題ないと誤解していたことから，同室では特に問題があるとは考えなかった。

以上の事実は，DD の際に著作権侵害のリスクやサーバ保存が問題となっ

たことについて，内部監査室が十分に勉強していなかったことを示唆している[62]。新規事業であるため理解が困難だったという側面はあるにせよ，法務部や戦略投資推進室に対して所要の予備調査を実施していれば，関連情報を容易に入手できたと考えられ，内部監査室の実力不足と言わざるを得ない[63]。

また，内部監査室は内部通報窓口を担当していたが，本件に関する通報は一件もなかった。前述（本章 2.1.1 参照）のとおりサイト編集部には「著作権侵害問題について DeNA は責任を負わない」という誤った理解が形成されていた上に，「DeNA は「永久ベンチャー」だからしようがない」との自己正当化が働いていたためと推察される。

2.4 コーポレート企画部

DeNA では，経営企画本部のコーポレート企画部がコンプライアンスに関する機能を担当し，グループ内の全社員を対象とするコンプライアンス研修を毎月 1 回の頻度で実施していた。研修内容は，DeNA グループ行動規範・情報セキュリティ・インサイダー取引に関するものが中心であり，2014 年度と 2016 年度には著作権に関する研修も実施されたが，その内容は著作権に関する一般知識にとどまった[64]。

コンプライアンス研修のテーマについては，コーポレート企画部が法務部と協議して決めることとされていた。そのため，前述のとおりキュレーション事業への介入に消極的であった法務部側が，著作権侵害問題に関して研修を実施する必要性を敢えて主張しなかったと推察される。

---

[62] 「内部監査室がキュレーション事業の運営実態を十分に理解していなかったこともあり，キュレーション事業に即した事業リスクの洗い出しが行われ（なかった）」（第三者委員会報告書 229 頁）。

[63] その後，2016 年 9 月に MERY にクレームがなされたことを受けて，キュレーション事業について著作権侵害リスクへの対応状況を内部監査で確認することが計画されたが，WELQ の炎上により監査は中止された。

[64] 「あくまでも，全社的に周知徹底すべき一般的なコンプライアンス関係事項について概括的に教育することに主眼を置いたものであって，キュレーション事業に存在するリスクについて取り上げたコンプライアンス研修は見当たらなかった。また，子会社を含めたキュレーション事業に関わる役職員のコンプライアンス研修の受講率は低かった」（第三者委員会報告書 232 頁）。

2.5 小括

　DeNA のリスク管理部門は,「上位者への迎合のリスク」の発現による経営者への「遠慮」や自らの実力不足により機能不全に陥った。さらにその背景として, もともと同社ではリスク管理部門の立場が弱く, 普段から主体性を発揮できていなかった可能性が高い。

　DeNA は成長を最優先する経営姿勢を取り, それによってリスク管理上の問題が生起しても,「DeNA は「永久ベンチャー」だからしようがない」と自己正当化していた。そのため, DeNA 社内ではリスク管理の意識が基本的に低く, リスク管理部門の存在感が希薄であったと推察される。各サイトの編集者には DeNA 生え抜きも少なくなかったにもかかわらず, 新規事業の運営に当たって法務部に相談したケースが非常に少ないのは, その証左と考えられる。

　同様にリスク管理部門の存在感が希薄であったことが組織不祥事に結びついたケースとして, ベネッセ顧客情報漏えい事件が挙げられる。同事件を分析した樋口 (2015) は, ベネッセグループでシステム管理を担当していたシンフォーム社が, グループ内の支援部門という立場の弱さから,「(効率やスピードを重視する) 事業部門に対して受動的になりがちであり, 情報セキュリティ面での問題提起に消極的になってしまった」(同 166 頁) と指摘している。

　経営実践上の含意としては, リスク管理部門が主体的に機能するためには, 当該組織の中でリスク管理業務の意義についての理解が浸透し, 事業部門側が同部門を重視するようにならなければいけない。それには, 経営者自らがリスク管理部門を重視する姿勢を示すのは勿論のこと, リスク管理部門の関与を促進するための社内制度を整備するとともに, 同部門に所属する社員に対し, 相手が経営者であろうとも直言すべき旨を教育することが肝要である[65]。

---

65 「(リスク管理の) 1つ1つの機能や体制を担う者たちにおいては,「我々の監視やチェックが効いているからこそ, リーダーは, 思う存分に能力を発揮して事業運営に邁進できるし, その行き過ぎへの歯止めも掛かるのだ。」と, 与えられた職責の重さと意義を自覚した上で, その職責を果たすべきである。そこに遠慮や忖度は必要ない。遠慮や忖度は職責放棄である」(第三者委員会報告書 274 頁)。

3 事件の原因メカニズム

本事件の原因メカニズムを三分類・因果表示法にしたがって整理[66]すると、以下のとおりとなる（図4-1参照）。

①直接原因
　　原因A　広範囲にわたる著作権侵害事件が発生したこと
②Ⅰ種潜在的原因
　　原因B　コピペに対する方針の不在とチェック体制の不備

図4-1 事件の原因メカニズム

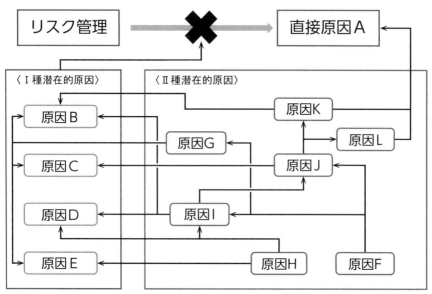

（筆者作成）

---

[66] 三分類・因果表示法は、組織不祥事の原因メカニズムを包括的に理解するために、筆者が樋口（2011b）で考案したフレームワークである。組織不祥事の原因を直接原因とⅠ種・Ⅱ種潜在的原因に分類した上で、因果関係の連鎖の中で一段階上流側に位置することを「背景」と付記し、原因メカニズムの図示に当たっては、矢印の方向で背景を表示する。
直接原因とは、組織不祥事を発現させる直接の引き金となった問題行動であり、何らかの違反行為が組織不祥事を構成するケースでは、当該違反行為自体が直接原因となる。潜在的原因とは、直接原因を誘発又は助長した因果関係に連なる組織上の問題点であり、直接原因の発生を防止するためのリスク管理の不備に関するⅠ種潜在的原因と、それ以外のⅡ種潜在的原因に大別される。詳しくは樋口（2011b）を参照されたい。

原因C　専門家による監修の未実施
　　原因D　実情把握と業務監督の不足
　　原因E　リスク管理部門の機能不全
③Ⅱ種潜在的原因
　　原因F　成長優先の経営姿勢（I, G, Jの背景）
　　原因G　永久ベンチャーという自己正当化（B, C, Eの背景）
　　原因H　経営者によるリスク管理の軽視（D, E, Iの背景）
　　原因I　業界内常識に染まった人物の登用（B, D, Jの背景）
　　原因J　SEO重視の記事量産方針と採算を取るためのコスト管理（C, K, Lの背景）
　　原因K　記事品質の軽視（A, Bの背景）
　　原因L　クラウド執筆ライターへの依存と低価格発注（Aの背景）

4　再発防止対策とその評価

　東洋ゴム工業では，2007年に同社の断熱パネルで性能偽装事件が発覚したことを受けて，再発防止対策を推進したにもかかわらず，2015年には免震ゴムに関して性能偽装事件が発覚した。両事件の原因構造は基本的に同一であり，同社が2007年以降に実施した再発防止対策が機能していなかったことになる。

　この件について分析した樋口（2016c）は，「一般的・典型的な対策項目が掲げられ，断熱パネル事件の反省点を具体的に反映したとは言い難い内容であった上に，対策の実施状況も形式的・名目的なものにとどまったためである。さらにその背景として，対策状況を早期に対外発表して不祥事対応を決着させたいと経営者が焦燥するあまり，対策内容の具体的な検討が疎かになる，あるいは対外発表後の対策推進状況のフォローアップを怠るなどの問題が生じたと思量される」（同92頁）と指摘した。その上で，この問題を「再発防止対策の空洞化のリスク」と名付け，「不祥事対応の早期決着を優先して広報的観点から対策を立案・実施するために，再発防止対策が機能不全に陥るリスク」（前同）と定義した。

DeNAにおいても，本事件の発覚後に様々な再発防止対策を実施したが，以下に示すようにその実効性については疑問点が少なくない。

4.1 主な再発防止対策

本事件を受けて，DeNAが実施した主な再発防止対策は以下のとおりである[67]。

① トップマネジメントの強化　創業者の南場氏が代表取締役会長に就任し，代表取締役1人体制から2人体制に変更した。

② 取締役の任期短縮　取締役の経営責任の明確化のため，取締役の任期を従来の2年から1年に短縮した。

③ 取締役会議長の変更　これまでは社長が取締役会議長を務めてきたが，今後は取締役会で議長を選定することとした。

④ 指名委員会及び報酬委員会の設置　取締役会の諮問機関として指名委員会及び報酬委員会を設置し，その委員長及び委員の過半数を社外取締役とすることで，取締役や執行役員などの指名・報酬の決定プロセスに社外取締役を関与させることとした。

⑤ 執行役員制度の見直し　事業領域ごとに執行役員を定め，代表取締役が彼らを統括・監督する体制とすることで，経営と執行の役割分担を明確化した。

⑥ 監査役監査の強化　独立社外監査役をこれまでの3人から4人に増員するとともに，監査役の直属部門として監査役室を設置し，専任の従業員を配置することとした。監査役室の従業員は，監査役の指示に基づき遂行する業務について取締役・執行役員及び上長の指揮命令を受けず，その任命・異動・人事評価には，常勤監査役の同意が必要とした。

⑦ コンプライアンス・管理体制の強化　内部統制の強化のため「コンプライアンス及びリスク管理本部」を新設した。同本部の具体的な業務は，グループのリスク管理の統括・リスク情報の一元的管理及びモニタリング・内部通報制度の運用・企業倫理に関する社内研修などとされた。た

---

[67] DeNA2017年5月23日発表資料「コーポレート・ガバナンス及び内部統制の強化に関するお知らせ」及び「内部統制システムに関する基本方針の一部改定に関するお知らせ」

だし，内部監査部門は同本部に含まれない。

同本部の責任者は，代表取締役及び執行役員の業務判断におけるリスク情報の認識・解釈に疑義がある場合，経営会議又は取締役会にそれを直接表明できるようにした。さらに，同人の選任・解任には，取締役会の決議が必要とした。

⑧抜本的な意識改革　DeNA のミッションである「デライト」の観点で事業を検証する専門の組織として「デライトドライブ本部」（当初予定していた「マーケティング・リサーチ本部」から名称を変更）を新設した。

4.2 実効性の評価

これらの再発防止対策を実効性の観点から評価すると，以下のとおりとなる。

「①トップマネジメントの強化」については，再発防止対策として特段の意義は認められない。取締役会の構成（社内取締役 3 人・社外取締役 2 人）及びその人選は，2016 年度と変化がないためである。その背景として，前述（本章1.6 参照）したように企業統治の不在について第三者委員会が掘り下げた調査を実施しなかったため，経営責任の追及が不徹底に終わったことが挙げられる[68]。

唯一の相違点は，南場氏が代表取締役会長に就任し，代表取締役 1 人体制から 2 人体制に変更されたことである。しかし，前述（本章 1.6.1 参照）のとおり南場氏は守安氏に強い思い入れを持っており，キュレーション事業への取組に関しても，南場氏は守安氏の方針を終始支持していた。したがって，南場氏にあらためて代表権を付与したところで，経営実態が変化するとは考えにくい。

「トップマネジメントの強化」を真に実践するのであれば，企業統治の再建の観点から，社外取締役の増員，南場氏と異なる視点を持つ社外取締役の

---

[68] この点については，格付け委員会の行方洋一委員も，「原因分析においてガバナンス態勢の深彫りが不足していることから，経営責任への言及も不十分なものとなっている」（格付け委員会（2017），17 頁）と指摘している。

登用[69]，南場氏以外の者の代表取締役就任などの対策を取ることが必要である。さらに言えば，ワンマン経営からの脱却を促進するために，守安氏からの代表権の剝奪や南場氏の取締役からの退任が望ましい。

「②取締役の任期短縮」については，「取締役の経営責任の明確化」を理由に挙げているが，本末転倒と言わざるを得ない。本事件に対して重大な責任を負うべき南場氏と守安氏がともに代表取締役に就任したという点で，そもそも経営責任の追及が不徹底である以上，任期の短縮には何の意義も見いだせない。「③取締役会議長の変更」についても，2017年度には南場氏が議長に就任していることから無意味である。企業統治の向上のためには，社外取締役を議長に充てることが必要である。

「④指名委員会及び報酬委員会の設置」について，指名委員会の委員長及び委員の過半数を社外取締役としたことは，企業統治の面で大きな前進である。その一方で，委員会の実効性を担保するには委員の人選が極めて重要であるところ，事件当時の社外取締役がそのまま残留している状況は適切とは言えない。

ちなみに，不正会計事件を起こした東芝では，指名委員会は3人の委員から構成され，そのうち2人が社外取締役であり，委員長は社外取締役が務めていた。しかし同委員会では，社長の選定基準や選定プロセス，後継者の育成計画などを決めておらず，実際には現職社長が提案した候補者をそのまま決定しており，執行役の人事についても同様であった。その事情として，「社外役員に対して企業統治の機能を果たすことをそもそも期待しておらず，会社側の言いなりとなる人物を選定していた」（樋口（2017），136頁）と分析されている。

「⑤執行役員制度の見直し」による経営と執行の役割分担の明確化，「⑥監査役監査の強化」による社外監査役の増員と監査役室の設置，「⑦コンプライアンス・管理体制の強化」によるコンプライアンス及びリスク管理本部の新設は，企業統治及び内部統制の強化の観点からいずれも有効と認められ

---

69 社外取締役といえども取締役であることに変わりはなく，キュレーション事業のリスク管理に関して何も寄与することがなかった大塚氏・堂前氏が，2017年度も社外取締役として留任したことは不適切と言わざるを得ない。

る。また，監査役室員やコンプライアンス及びリスク管理本部長の人事について常勤監査役や取締役会の同意を必要としたことは，リスク管理部門の独立性向上に寄与する。

「⑧抜本的な意識改革」については，前述（本章1.3.1参照）のとおりキュレーション事業のKPIの設定に「デライト」への配慮がなく，第三者委員会報告書でもDeNA社員が本事件に関して「デライト」に言及した部分は皆無であることから，ミッションとしての「デライト」の浸透度が浅いと考えられ，意識改革は急務と言えよう。その一方で，本事件は「永久ベンチャー」として成長を優先する経営姿勢に起因しており，「成長」と「デライト」のトレードオフが問題となる。

東海ゴム工業の労働安全衛生法違反事件を分析した樋口（2013c）は，顧客に対する供給責任とコンプライアンスを両立できないトレードオフ状態に陥った担当者が，供給責任を優先するために敢えて法令違反を犯したと指摘した。その上で，この問題を「目標間のトレードオフによる組織不祥事リスク」と整理し，「実務上の制約によって，組織が追求する諸目標の間にトレードオフの関係が生じた際に，安全性やコンプライアンスという目標が相対的に軽視され，組織不祥事が誘発されるリスク」と定義した（同7頁）。

こうしたトレードオフを予防するには，今後は「成長」よりも「デライト」を優先するとの方針を示さなければならないが，この点についてDeNAは明確にしていない。もしも成長優先の経営姿勢を今後も維持するのであれば，「抜本的な意識改革」は困難であろう。さらに言えば，この意識改革は全社的に推進すべきものであるところ，「デライト」の観点で事業を検証する組織を設置するという対策に，どの程度の意義があるのか疑問である。

以上のとおり，DeNAの再発防止対策の実効性に対する評価は低いと言わざるを得ない。その背景として，第三者委員会報告書における原因の究明が皮相的なレベルに留まり，再発防止策の提言も具体性を欠いていたことが挙げられる[70]。

---

[70] この点については，格付け委員会の久保利委員も，「（不祥事の）真因の究明がなされていない以上，実効性ある再発防止策などの提言をなしえないのは当然である。いずれも，表層的な原

これに対して第三者委員会報告書は,「当委員会は,個別・具体的な再発防止策を詳細に提言することは,かえってDeNAが列挙された再発防止策を履践することだけに満足してしまうのではないかと懸念するとともに,DeNAにとって真に有効な再発防止策は,DeNA自身において全社一丸となっての議論を通じてしか生まれてこないと考えている」(同272頁)と自己弁護している。しかし,同委員会がDeNAから委嘱された調査事項には「③必要な改善提案」が含まれている点に鑑みると,詭弁と言わざるを得ない。

　前述したように第三者委員会が,企業統治及びリスク管理部門の機能不全という,経営責任に結びつく問題を掘り下げて調査していないことと考え合わせると,同委員会の独立性・中立性が実質面で十分に確保されていたのか疑問である[71]。

■ 5　本章のまとめ

　本事件では,DeNA経営者の経営判断の誤りや不適切な経営姿勢が重大な背景となっていた。具体的な問題点としては,主力のゲーム事業の業績悪化により焦燥していたこと,SEO重視の記事量産とクラウドワーカーの活用という事業方針がコピペを誘発したこと,成長優先・数値偏重の経営姿勢が「DeNAは「永久ベンチャー」だからしようがない」という不正行為の自己正当化につながったこと,コピペを当然視する業界内常識に染まった人物を登用したこと,経営者自身がリスク管理を軽視していたこと,企業統治が機能していなかったことが挙げられる。

　　因に関する改善要望か抽象的な助言に止まっており,当社の根幹的な欠陥を是正する大作(ママ)の提言はない」(格付け委員会(2017),3頁)と指摘している。
[71]　残念なことに,第三者委員会報告書は,同委員会の独立性・中立性についての情報も十分に開示していない。この点については,格付け委員会の竹内委員も,「(第三者委員会報告書の)2頁で,調査の補助等を目的として法律事務所に所属する弁護士16名を「事務局」として任命したとされるが,この「事務局」については,各委員と同様にこれまでDeNAとの間で業務上の契約関係等の利害関係を有したことがないのか,あるいは利害関係を有しているのか,第三者委員会が行う調査に対してどの程度の影響力を及ぼしたのか,関係者に対するヒアリングを実施したのか,調査報告書の一部を起案したのか,といった点に関する説明がなされておらず,そのことが,第三者委員会の独立性に疑問を投げかけるものとなっている」(格付け委員会(2017),11頁)と指摘している。

また，DeNA のリスク管理部門は，キュレーション事業の著作権侵害のリスクに無策であった。特に法務部は，実際に問題が発生しつつあることを認識していたにもかかわらず，能動的に対応しようとしなかった。その背景として，もともと社内におけるリスク管理部門の立場が弱かったことに加えて，経営者がキュレーション事業の成長とそれを通じたベンチャー精神の注入に期待をかけていたことから，「上位者への迎合のリスク」が発現したと推察される。

　ちなみに，ベンチャー企業の倒産要因を分析した戸田（1988）は，「経営者要因」として，①経営者の経験不足，経営能力未熟，②経営判断の甘さ・誤り，公私混同，③パートナーに問題があった，④マネジメント・チームの対立・分裂，⑤ワンマン・ルールの5件，「トータル・マネジメント要因」として，①経営にアンバランスがみられる，②情報不足，情報収集力に欠ける，③経営管理がない，経営基盤が脆弱，④他力に依存しすぎる，⑤規模拡大にとらわれすぎる，惰性に走る，⑥経営計画の失敗，⑦リスク・マネジメントの欠如の7件，「組織・労務要因」として，①人材の不足，②組織がない，組織管理制度が弱体，社内体制未整備，③社内雰囲気が陰湿，人間関係がこわれるの3件をそれぞれ指摘した（同140頁）。DeNA については，「経営者要因」の①・②・⑤，「トータル・マネジメント要因」の①・⑤・⑦，「組織・労務要因」の②が該当する。言い換えれば，DeNA の失敗原因は決して特異なものではなく，ベンチャー企業の経営ではよく見られる態様ということになる。

第5章 ベンチャー企業の経営変革に関する考察

　本章では,ベンチャー企業及びその核となる起業家の本質について分析し,ベンチャー企業の規模拡大に伴って経営方式の移行が必要となるにもかかわらず,起業家である経営者(以下,一般の経営者と区別する必要がある場合に,「起業経営者」と呼称する)がその障害となり,リスク管理や企業統治の整備が遅れて経営上の問題が誘発されるリスクとして,「ベンチャー経営の変革困難性のリスク」を指摘する。さらに,経営変革の方策である補佐役の起用,企業統治の構築,チーム経営への移行,後継者の選任の4件について,DeNA,ファーストリテイリング,ソフトバンク[1]などの具体例を取り上げ,起業経営者がどのように変革の障害となるかを分析する。

■ 1　ベンチャー企業の定義

　ベンチャー企業という名称は日本独自のものであり,「米国では一般的に,「スモールビジネス」と総称され,テクノロジーを重視し,新しいビジネスに挑戦するという意味で,「ニューテクノロジー・カンパニー」「ニューベンチャー」「スモールベンチャー」と呼ばれています」(松田(2014),17頁)とされる[2]。先行研究におけるベンチャー企業の定義は,以下のとおりであ

---

[1]　ソフトバンクのグループとしての総称と,持株会社のソフトバンクグループを区別するため,以下は前者について「ソフトバンク」と呼称する。

[2]　「ベンチャー・ビジネスという用語は和製英語である。英語圏では,起業家(entrepreneur)もしくは起業家精神ないし起業家活動(entrepreneurship)が事業を開始する際の不可欠な経営資源として重要視され,ベンチャーという表現は使われていない。英語圏でベンチャー・ビジネスを表現するならば,起業家が事業を開始する状態を指して「ビジネス・ベンチャー(a

る。

- 「リスクを恐れず新しい領域に挑戦する起業家に率いられた若い企業で，製品や商品の独創性，事業の独立性，社会性，さらに国際性を持った企業」（松田（2014），17頁）
- 「企業家によって率いられ，革新性を武器に成長が見込まれる，自主独立の中小企業」（許（2011），133頁）
- 「高い志と成功意欲の強いアントレプレナー（起業家）を中心とした，新規事業への挑戦を行う中小企業で，商品，サービス，あるいは経営システムにイノベーションに基づく新規性があり，さらに社会性，独立性，普遍性を持ち，矛盾のエネルギーにより常に進化し続ける企業」（柳（2004），19頁）
- 「イノベーション（革新性）を歯車とし，高い志を持ったアントレプレナー（起業家）がリスクにチャレンジしながらその夢を実現しようとする企業である。（中略）イノベーションを伴わない創業，たとえば会社勤務を辞め喫茶店や学習塾を開くのは，たとえ本人にはそこに大きな夢がありリスクがあっても，社会的なインパクトもなく，それらは単なる脱サラ的な通常ビジネスの創業にすぎないのでベンチャー企業とは呼ばない」（野中他（2002），219-220頁）。
- 「研究開発集約的，またはデザイン開発集約的な能力発揮型の創造的新規開業企業を意味する。したがって，それらは小企業として出発するが，従来の新規開業小企業の場合とちがうのは，独自の存在理由をもち，経営者自身が高度な専門能力と，才能ある創造的な人々を引きつけるに足りる魅力ある事業を組織する企業家精神をもっており，高収益企業であり，かつ，このなかから急成長する企業が多く現れている」（清成・中村・平尾（1971），10頁）。

清成・中村・平尾（1971）の定義が，「研究開発集約的，またはデザイン開発集約的」と事業内容を絞り込んだのは，当時のベンチャー企業の実状を踏まえたものであろう。今日ではDeNAのようにITサービス系のベン

---

business venture）を開始する」と表現する以外適切な表現がない」（岸川・八杉・谷井（2008），2頁）。

チャー企業が数多く誕生していることや，今後どのような形態が現れるか分からないことを勘案すると，ベンチャー企業の定義で事業内容を限定する必要はないと思量する。

　松田（2014）及び柳（2004）の定義はベンチャー企業の特性を提示しているが，「独創性」「独立性」「新規性」はともかくとして，実際のベンチャー企業の中には，「社会性」「国際性」「普遍性」などの性質を具備していないケースも散見される[3]。論者がベンチャー企業の社会的な存在意義を強調しようとするあまり，一部の花形的な事例を念頭に置いて定義を規定したように思われる。

　許（2011）の定義は「中小企業」と絞り込んでいるが，企業規模についても特に限定する必要はない。後述（本章 3.1 参照）するようにベンチャー企業の成長過程に関する先行研究では，「成熟期」や「安定期」，「安定成長期」などの区分が認められるところ，成長・成熟した段階のベンチャー企業は，必ずしも「中小企業」の枠内にとどまらないためである。

　以上のような先行研究の定義に共通する要素として，岸川・八杉・谷井（2008）は，①運営主体が起業家精神旺盛な事業者であること，②運営主体の特性として，イノベーションを生み出す創造力と旺盛に挑戦する精神力が挙げられることの2点を指摘した（同3頁）。また，金井・角田（2002）は，起業家の存在に着目して，「ベンチャー企業に必要な要件は，リスクを負うことではなく，むしろ起業機会を追求し，革新的なやり方で事業を創造することである。そこに，起業家活動の本質があるのである。したがって，ベンチャー企業とは「起業家によって率いられた革新的な中小企業」であると定義し，起業家活動のプロセスそのものが，ベンチャー創造の中核的なプロセスと表裏一体の関係にあると考える」（同4頁）と論じた。

　本書では，これらの指摘を踏まえ，起業家の役割及び事業の革新性（イノベーション）をベンチャー企業の本質と位置付け，「起業家精神とイノベーションを事業の支柱とする企業」と定義する。なお，「起業家」ではなく「起業家精神」としたのは，起業家個人が当該企業を離れたとしても，その

3　ちなみに柳（2004）も，「この定義を創業時から完全に満たす企業は，逆に少数である可能性がある」（同21頁）と自認している。

起業家精神が社内で受け継がれている限りは，ベンチャー企業と見做すべきとの考えによる。

DeNA は上場企業に成長したが，起業家精神の維持とイノベーション志向の点で，以上のベンチャー企業の定義に該当する。その他に大企業に成長したベンチャー企業として，以下のファーストリテイリング及びソフトバンクが挙げられる。

- ファーストリテイリング　同社の出発点は，1984 年に柳井正氏が家業の衣料品企業を引き継いだことである。事業の中核はカジュアル衣料品を扱うユニクロであり，業種としては既存の小売業に含まれるが，製品の企画から製造，物流，プロモーション，販売まで一貫して行うという SPA（Speciality store retailer of private label apparel）のビジネスモデルを新たに構築し，さらにその進化を続けているというプロセス・イノベーション[4]の点でベンチャー企業と認められる[5]。
- ソフトバンク　同社の出発点は，1978 年に孫正義氏が電子翻訳機を開発したことであり，1996 年に Yahoo! JAPAN を設立した。2006 年にボーダフォンを買収して携帯電話事業に参入，2013 年には米国の大手携帯電話事業者スプリントを買収するなど，幅広い分野で M&A や投資を積極的に展開し，社外のイノベーションを内部化して成長を続ける形態のベンチャー企業と認められる。

■ 2　起業家の特性と限界

ベンチャー企業を率いる起業家には，自ら道を切り拓こうとする「独立性」やイノベーションを生み出す「独創性」に加えて，ベンチャー企業の立ち上げ時に「攻め」を推し進めるために，「強い志」「目標達成への執念」「リスクを怖れぬ姿勢」「強いイニシアティブ（行動力）」などの特性が必要

---

[4] 「（イノベーションの）新規性は，商品やサービスだけでなく，経営システム（経営のやり方）におけるものでもよい」（柳（2004），20 頁）。
[5] 「ユニクロ方式の SPA モデルは，SCM に基づく正確なマーチャンダイジングをベースに，運命共同体的な現地協力企業とのパートナーシップの強化を前提に「匠チーム」による徹底的な技術指導・管理から来る品質向上を実現するモデルであり，他社による模倣困難性を形成している」（松田（2011），75 頁）。

とされる。その一方で，ルーティンの業務管理やリスク管理が問題となる「守り」の局面では，これらの特性が弱点に転じかねないことに注意する必要がある。

2.1 起業家の定義と特性

前述のとおり本書におけるベンチャー企業の定義が起業家に依拠している以上，「起業家とは何か」を明らかにしなければならない。先行研究における起業家の定義及びその特性は，以下のとおりである。

- 松田（2014）は，「環境変化やビジネスに対するリスクをギリギリまで計算しながら，新規の成長領域を選択し，高い緊張感に長期的に耐えながら，高い志（夢・ロマン）や目標を掲げ，果敢に挑戦するリーダーシップの強い自立独創型の創業者」（同18頁）と定義した。その特性については，「高い志，強い夢（ロマン）」「夢を実現するための強い成長意欲」と説明し，「起業家の夢，あるいは志の強さや高さによって，典型的なベンチャー企業になるのか，中小企業のままで終わるのかが決まります。事業の牽引車である起業家の「志」にすべてがかかっているのです」とした（同32-33頁）。
- 岸川・八杉・谷井（2008）は，「限られた経営資源をもとに危険を冒して事業機会を追求する者，および人間のもつ創造力を発揮し，特にイノベーション活動を通じて事業機会を実現する者」（同6頁）と定義した。
- 石田（2004）は，起業家にとって必須の特性として，「第一に「志」，なんとしても達成したい大目標があるかどうかということであり，その目標達成への執念，信念への「こだわり」の強さ」（同99頁）を挙げた。
- 清成・中村・平尾（1971）は，起業家の特性として，①活動的で行動力に富む，②個性的で創造力にあふれている，③知的水準が高く，高度の専門能力を有している，④創造力や専門能力をビジネスとして展開する能力を有している，⑤テクノストラクチュアを組織する能力を有している，⑥大企業体制の限界を意識し，独自の産業社会観を有しているの6点を挙げた上で，「もともと達成要求が高く，行動力に富み，創造力や専門知識をもち，それをビジネスとして展開することを欲する人間」と

定義した（同 66-67 頁）。

- ティモンズ（1997）は，「アントレプレナーシップとは，実際に何もないところから価値を創造する過程である。言い換えれば，起業機会を創り出すか，適切にとらえ，資源の有無のいかんにかかわらずこれを追求するプロセスである。（中略）アントレプレナーシップは確固たるビジョンを確立し，ほとばしる情熱，コミットメント，動機づけを持って，パートナー，顧客，取引先，従業員，資金の供給者などの利害関係者にそのビジョンを納得させるものである。（中略）第三者には混沌，矛盾，混乱としか見えない起業機会を察知し，必ずしも自分が所有するとは限らない経営資源を利用して，自らが信じる起業機会を追求する」（同 10-11 頁）と定義した。その特性として，「コミットメントと強固な決意」「リーダーシップ」「起業機会への執念」「リスク・曖昧性・不確実性に対する許容度」「創造性・自己依存・適応力」「一流たらんとする欲求」を挙げた（同 188 頁）。

ベンチャー企業を新たに興す以上，自ら道を切り拓こうとする「独立性」やイノベーションを生み出す「独創性」が起業家に必要とされるのは当然である。それ以外の起業家の特性としては，「強い志」「目標達成への執念」「リスクを怖れぬ姿勢」「強いイニシアティブ（行動力）」を挙げる先行研究が多い。ベンチャー企業の立ち上げの段階では，積極的にビジネスを開拓していく「攻め」の姿勢が何よりも必要とされるため，こうした特性が起業家に不可欠であることに異論はないだろう。ベンチャー企業の本質である「起業家精神」とは，以上のような起業家の特性を総称したものである。

ちなみに，起業家本人の見解として，ファーストリテイリングの柳井正氏は，以下の「起業家十戒」[6]を掲げている（柳井（2003），204 頁）[7]。

6　柳井氏の「経営者十戒」にも，「目標達成への執念」を示す「1. 経営者は何が何でも結果を出せ」や，「リスクを怖れぬ姿勢」を示す「8. 経営者はリスクを読みきり，果敢に挑戦をせよ」が挙げられている（柳井（2003），204-205 頁）。

7　柳井氏自身については，以下のような人物評がなされている。
「柳井はかねてリーダーの条件として，「2つのキョウキ」を掲げてきた。狂気と侠気だ。自分のやろうとしている事業を狂うくらいにやり遂げようとする資質と，人のために尽くし，自己犠牲を惜しまない姿勢を指す」（日経ビジネス 2003 年 1 月 6 日号記事「玉塚元一氏　脱カリスマに挑む 40 歳」85 頁）。
「かつて同社に籍を置いた日本 IBM の取締役・名取勝也は柳井をこう評する。「24 時間，常に

1. ハードワーク，1日24時間仕事に集中する。
2. 唯一絶対の評価者は，市場と顧客である。
3. 長期ビジョン，計画，夢，理想を失わない。
4. 現実を知る。その上で理想と目標を失わない。
5. 自分の未来は，自分で切り開く。他人ではなく，自分で自分の運命をコントロールする。
6. 時代や社会の変化に積極的に対応する。
7. 日常業務を最重視する。
8. 自分の商売に，誰よりも高い目標と基準を持つ。
9. 社員とのパートナーシップとチームワーク精神を持つ。
10. つぶれない会社にする。1勝9敗でよいが，再起不能の失敗をしない。キャッシュが尽きればすべてが終わり。

2.2 起業家の限界

　起業家は秀でた資質を有しているが，必ずしも万能ではない。経験やノウハウの不足などにより，一部の経営機能を不得手としていることがむしろ通例である。以下の先行研究は，そうした「起業家に不足している能力」を補完する必要性を指摘している。

- 松田（2014）は，「いかに優れた起業家であってもスーパーマンではありません。ベンチャー企業に不可欠な機能，すなわち技術・営業・管理の三要素をすべて保有する起業家はいません。自己に不足する機能を，どんな人材で，どの成長ステージまでに補充するかが起業家のバランス感覚なのです」（同65頁）と指摘した。
- ティモンズ（1997）は，「一人の起業家がベンチャー企業経営すべての分野に精通することはきわめてまれである。むしろ人的管理能力，概念的かつ創造的問題解決能力，マーケティングのノウハウなど，一定の分野に強みを持つと同時に，その他の分野では弱点を持っていることが多

事業のことを考えている。公私混同はなく，フェア。常に光と熱を発し続け，社内を照らす太陽のような人です。その熱とエネルギーの強烈さには，近づくほどに圧倒される」」（日経ビジネス2009年6月1日号記事「後継条件は「ユニクロ人」」39頁）。

い。(中略) 重要なことは相互に補完しあう能力を持つ経営チームを編成することであり，個々の起業家にすべての経営能力を求めることではない」(同 230-231 頁) と指摘した。
- ドラッカー (2015) は，「自分は何が得意で何が不得意かとの問いこそ，ベンチャーに成功の兆しが見えたところで，創業者たる企業家が向き合い考えなければならない問題である」(同 187 頁) と指摘した。

さらに，前述した起業家の特性は，事業立ち上げの段階における「攻め」に不可欠な資質である一方で，「守り」の局面では弱点に転じかねない。こうした起業家の特性に起因する問題を「起業家ならではの弱点」と呼ぶことにする。

この「起業家ならではの弱点」について青野 (2011) は，「創業者は技術畑出身あるいは営業畑出身を問わず，いわゆる攻めのタイプの人が多い。また創業者ならではの一種の狂気も共通してみられる。半面，それゆえのことであろう。(中略) 経理，組織づくり，さらに労務や人事などの管理面に弱く，それがそのまま企業のウィークポイントになっているケースが多い」(同 196-197 頁) と指摘した。一般的に，起業家は「独創的」で「強い志」を有するゆえに，ルーティン的な業務管理については疎かになりがちと認められる。

また，「起業家ならではの弱点」の一態様として，起業家の特性が経営判断の失敗に結びつくケースが考えられる。石田 (2004) は，起業家の周辺者からの証言として，「起業家の特質として「思い入れの強さ」があり，ひとたび信じたらそれを絶対に変えない。ひとたび思い込んだらいい面しか見えず，それに伴うリスクが見えなくなってしまう傾向がある」(同 98 頁) と記している。この「思い入れの強さ」とは，起業家の特性である「強い志」「目標達成への執念」「リスクを怖れぬ姿勢」によって生み出された思考の偏りと整理できる。南場氏が守安氏や村田氏を重用したことも，やはり「思い入れの強さ」に起因すると認められる。

同様に起業家の「思い入れの強さ」が経営判断の失敗に結びついたと考えられる具体例として，ソフトバンクのケースが挙げられる。

ソフトバンクは，2014 年にインドの電子商取引企業 Snapdeal に 6 億 2700

万ドルを出資し，同社の筆頭株主となった。その時の投資判断について孫正義氏は，「「ここに賭けるんだ，ここで釣り上げるんだ！」という意気込みで（笑）。ということでニケシュ（筆者注：後述（本章 7.3 参照）するアローラ氏）に発破をかけて，この件を成立させました。私が最初に電話したとき，ニケシュは「わかったから，まずはデューデリをしましょう。ドイツ銀行のような会社を通じてデューデリをしたほうがいいんじゃないか」と言いました。でも私は「私たちの直感を信じてここは一気にいこう。そうしたデューデリジェンスはやらずに，とにかく攻めて攻めて取りにいこう」（と言った）」と述懐している[8]。

　以上のとおり Snapdeal に対する強い思い入れにより，孫氏はデューディリジェンスを敢えて省略して，投資の実行を急いだと認められる。こうした拙速な経営判断が結果的に奏功することもあるだろうが，600 億円超の投資案件についてデューディリジェンスを行わないというのは，リスク管理の観点からは極めて異例と言わざるを得ない。その背景として，ソフトバンクが有数の上場企業に成長したにもかかわらず，孫氏の経営姿勢が創業当時と変わっていないことが挙げられる[9]。

　なお，その後の Snapdeal は，アマゾンなどがインド市場に参入して競争が激化したことにより業績が伸び悩んだ。2017 年 7 月時点の同社の企業価値は 10 億ドルを下回ったとされ[10]，株式の 3 割超を保有するソフトバンクには巨額の含み損が発生したと推察される。

8　ログミー 2015 年 10 月 22 日記事「孫正義氏がソフトバンクアカデミアで語った「成功する会社の 2 つの条件」」〈https://logmi.jp/business/articles/106598〉
9　アローラ氏は，孫氏について以下のとおり述懐している。
　「通常，歳を重ねたり事業が順調に拡大していくことで，経営者のリスクを取ることに対する貪欲さは変化する。（中略）多くの創業者たちはリスクを取ることへの姿勢を高く保ち続けようと格闘する。しかし，マサ（筆者注：孫氏）だけは違う。リスクを取ることに対する意欲が全く変わらないのだ」(Bloomberg2017 年 8 月 17 日記事「「マサのリスクへの意欲は不変」アローラ元ソフトバンク副社長語る」〈https://www.bloomberg.co.jp/news/articles/2017-08-16/OUPW016S972C01〉)。
10　日本経済新聞 2017 年 7 月 6 日朝刊記事「印 3 位，買収提案拒否」

■ 3　企業規模の拡大と経営方式の変革

　ベンチャー企業が成長を遂げて企業規模が拡大するに連れて，一般企業と同様の経営管理上の諸課題に直面するのは当然である。その際に，前述した「起業家に不足している能力」や「起業家ならではの弱点」の問題が顕在化することから，起業家は経営方式の変革を迫られることになる。

3.1　ベンチャー企業の成長過程

　ベンチャー企業の成長過程に関する先行研究は，以下のとおりである。

- 松田（2014）は，起業までの「シード期」，事業が軌道に乗るまでの「スタートアップ期」，規模が急拡大する「急成長期」，事業が成熟して規模拡大が鈍化する「安定成長期」の4段階に区分した（同70頁）。
- 柳（2004）は，起業までの「準備期」，事業立ち上げの「スタートアップ期」（売上高3億円以下，従業員10人以下），事業を確立する「急成長期」（売上高3～50億円，従業員10～100人），「経営基盤確立期」（売上高50～100億円，従業員100～300人）の4段階に区分した（同194-195頁）。
- ティモンズ（1997）は，起業家が率先垂範する「スタートアップ期」及び「急成長期」（売上高3百万ドル以下，従業員20～25人以下），起業家が直接管理する「成熟期」（売上高2～10百万ドル，従業員25～75人），管理職による管理に移行する「安定期」（売上高75百万ドル以上，従業員75～100人以上）の4段階に区分した（同220頁）。

　松田（2014）と柳（2004）は，基本的に同じ区分と認められる。ティモンズ（1997）の掲げた「成熟期」は，依然として事業が成長を続けているが，利益が安定化しつつある段階を指すものであり，松田（2014）の「急成長期」の後半部を別段階として分類したものと整理できる。したがって，ベンチャー企業の成長過程について論者の間での相違は小さく，本書では，松田（2014）の区分に従うこととする。

　先行研究でベンチャー企業の成長過程を区分した意義は，「各成長ステージには，それぞれ特徴的な経営の危機が潜んで（いる）」（松田（2014），70

頁）ためである．以下では，「急成長期」及び「安定成長期」のベンチャー企業が直面する課題として，大企業病と再ベンチャー化及び経営方式の変革の必要性について取り上げる．

3.2 大企業病と再ベンチャー化

　ベンチャー企業の経営規模が大きくなり，業績も安定していくに連れて，創意の喪失や規則に対する執着，セクショナリズムなどの所謂「大企業病」が次第に社内を蝕むようになる．その結果，コミュニケーションの悪化，意思決定の遅れ，イノベーションの停滞などの症状が現れ，ベンチャーとしての成長力が失われる．視点を変えると，「強い志」「目標達成への執念」「リスクを怖れぬ姿勢」「強いイニシアティブ（行動力）」などの起業家精神を喪失し，ベンチャー企業から「普通の企業」に変質するということである．

　ベンチャー企業であり続けようとするならば，失われつつある起業家精神を再点火する「再ベンチャー化」のプロセスが必要となる．前述（第2章1.4参照）したように，南場氏がキュレーション事業の買収を承認したのは，「社内に，失われかけていた「永久ベンチャー」の雰囲気が呼び戻されることを期待」（第三者委員会報告書58頁）したためであった．この点に関する先行研究は以下のとおりである．

- 松田（2014）は，「企業規模が大きくなり収益構造が安定してくると，ベンチャー企業の設立当初のような一丸となって燃えるような情熱が失せてきます．企業規模に関係なく「アントレプレナーシップ（起業家精神）」を持ち続けるには，常に組織全体にイノベーションを継続する風土を作りだす必要があります」（同104-105頁）と指摘した．

　さらに，「ベンチャー企業の事業や製品等の社会的認知が浸透し，株式上場を果たし，収益力が最も安定するのが，経営基盤確立期です．ただし，次なる模索をしないと，新成長期を迎える前に寿命が尽きるベンチャー企業のモデルケースになってしまいます」（同93頁），「ベンチャー企業は，衰退期に入る前の安定成長期のうちに，新成長期に移行しなければなりません．このためには，新規事業を産みだす社内起業活動を活発にする必要があります」（同102頁）と論じた．

- 岸川・八杉・谷井（2008）は，ベンチャー企業の巨大化や年数の経過に伴い，市場や顧客への対応が遅くなってイノベーションが低調になることが常態であるとして，「ベンチャー・ビジネスが成熟し，起業家が専門的経営者に変身すると，ベンチャー・ビジネスに浸透していた起業家精神もしくは起業家活動が自然と失われて，「普通の企業」になる危険性が存在する。起業家精神を社内で持続し，ベンチャー・ビジネスの活き活きとした雰囲気が浸透するための施策が必要になる。（中略）成熟したベンチャー・ビジネスにおいては，起業家精神もしくは起業家活動を重点的に管理していく必要性が発生する」（同 184 頁）と指摘した。
- 金井・角田（2002）は，「ベンチャー企業は，安定期にさしかかるとともにベンチャーらしさが失われ，成長の伸びも期待できないような状況に直面する。このような事業の成熟とともに安定期の段階に入った企業がスパイラルな発展を遂げるためには，ドメインの再定義を基礎にした新たなビジネスモデルの創造（変革）による新規事業の開発が要請される。これを，既存ベンチャー企業の「第 2 の創業」と呼ぶことにしよう。（中略）第 2 の創業においてしばしば用いられる組織が「社内ベンチャー」「社外ベンチャー」と呼ばれる企業内起業家活動のシステムである。このシステムは，連続性を重視する既存の企業内にあって窒息しがちな不連続的変革の風土を保ち，それによって能率と有効性を融合し，企業に新たな生命を組み込もうとする試みである」（同 82 頁）と指摘した。

再ベンチャー化の手法としては，金井・角田（2002）が指摘したように，新規の社内ベンチャー事業を積極的に推進することが第一に挙げられる。それ以外の対策としては，①自己変革によって既存事業のイノベーションを更に深化させようとするケースと，② DeNA のように既存事業によって蓄積した資本を用いて積極的に M&A を展開し，社外のイノベーションを内部化しようとするケースに大別される[11]。

ファーストリテイリングは①のケースであり，衣料品小売事業におけるイ

---

11 「ベンチャー企業は，自力で成長し，自社の寿命に挑戦するのが一般的ですが，M&A 等により他社の経営資源を活用して，自己の限界を打破する方法もあります」（松田（2014），85 頁）。

ノベーションの積み重ねを徹底して追求している。その経営戦略について松田（2011）は，「不確実性が増大する小売業界において，絶対低価格を標榜し，それに向けて模倣困難性を仕組み，ノウハウ，人的資源等々を全体最適的に整え，これをさまざまな観点から愚直なまでに邁進していくという姿勢」（同77頁）と指摘した。

　ちなみに同社の起業経営者の柳井氏は，「組織の全員が自営業者のようにならないといけない。そうじゃないと組織が大きくなったときにリーダーシップを発揮したり，自分の責任をまっとうしたりすることはできない。ユニクロも大企業病にかかっています。だから現状を否定していかないと，成長できません。（中略）再ベンチャー化というのは，起業家精神をもってベンチャー企業を経営しているんだというつもりで仕事をしていくということです」[12]と述べ，一人ひとりの従業員が起業家になったつもりで，イノベーションを掘り下げることを求めている。

　ソフトバンクは②のケースであり，積極的なM&Aや投資により外部のイノベーションを取り込んでいる。その経営戦略について松田（2014）は，「M&A戦略の活用は，「時間・技術・ブランドを金で買う」という成長戦略です。自己変革による成長ステージ別経営スタイルの変革とは，異なります。日本でのこの典型的な企業が孫正義氏率いるソフトバンクです」（同85-86頁）と分析している。

3.3　経営方式の変革

　ベンチャー企業の規模が拡大していくと，一般の大企業と同様の組織管理上の問題が生起する。それに伴って「起業家に不足している能力」や「起業家ならではの弱点」が顕在化するために経営方式の変革が必要となるが，起業経営者がそれに対応できるかどうかが，ベンチャー企業にとって重大なリスクとなる。この点に関する先行研究は，以下のとおりである。

- 松田（2014）は，ベンチャー企業が衰退する事情として，製品・サービスの陳腐化や産業自体の成長鈍化の他に，起業経営者の問題として，

---

[12] 週刊ダイヤモンド2009年4月18日号記事「編集長インタビュー　柳井正」130-131頁

「経営環境は常に変化していますが，この変化に柔軟に対応できなくなった高齢起業家に率いられた硬直的組織が衰退の原因をつくります。（中略）経営後継者を含む経営チームの変革が，ベンチャー企業のダイナミズムを維持するために不可欠です。経営環境の変化以上のスピードで，自己とその経営チームが脱皮し続けないと，競合に負けてしまいます」（同85頁）と指摘した。

さらに，「ベンチャー企業の成長とは，起業家がすべての事業を掌握し，すべての意思決定をする小さな組織から，開発・営業・管理の各専門家をコーディネートしながら彼らの能力を発揮させる組織的運営に変化する過程です。一人でリスクを取る「起業家」から，組織としてリスクが取れる「企業家」への自己脱皮が必要になります」（同69頁）と論じた。

- 早稲田大学大学院商学研究科（2011）は，「経営管理というチェック機能が欠落しているベンチャーは，たまたま成長できたとしても，それはブームに乗ったにすぎず，ブームを実力と勘違いし，いずれはその反動によって粉飾したり，倒産に追い込まれたりする。ベンチャーの長期的成長は，基本機能の充実と連動していなければ，挫折してしまうことになる」（同88頁）と指摘した。

- 岸川・八杉・谷井（2008）は，「ベンチャー・ビジネスが成長を遂げ，成熟した企業に転換する過程において，起業家は，企業の内部においてさまざまな事項を変革する。起業家自身も成熟企業に相応しい思考法や行動様式を身につける。これらの変化を一言で表現するならば，ベンチャー・ビジネスの急成長段階で，起業家は専門的な経営者に変貌するということに他ならない」（同182頁）と指摘した。

起業家の具体的な役割については，従来の「顧客確保」「ビジネスプラン作成」「資金調達」「人材確保」に代わって，「後継者育成」「組織改革」「ビジョン提示」などが重視されるようになり，「それまでの創業者型から，いわゆる経営者型の社長へと役割が変わっていく」（同209-210頁）とした。さらに，「株式上場に際しては，組織規定に基づいた組織が形成され，それが組織規定通りに運営されているかがチェックさ

れ，それまでの属人的マネジメントは脱皮を迫られるのである」（同197頁）と述べ，上場手続が経営方式の変革を迫る重大な契機になるとした。

- 石田（2004）は，「ベンチャー成長の一定の段階で起業家のワンマン・コントロールの限界に打ち当たり，それを克服するには経営のプロフェッショナリゼーションが不可欠となる。（中略）この段階でもなお，経営の主導権を起業家が握っているケースは多いが，いつまでも創業者が支配権を手放そうとしなければ，ベンチャーから中堅企業，さらには大企業に成長することは困難となる」（同100-101頁）と指摘した。

- 西田（1993）は，「会社の創業期には，独創性や先見性，行動力や統率力において，天才的な能力を持つオーナー経営者に大きく依存することが多い。（中略）しかし，企業規模が拡大し，企業を取り巻く経営環境が複雑化してくると，やはり，経営トップが一人だけで対応していくのはむずかしくなってくる。個人的能力だけでは対応しきれず，限界が出てくるからである」（同158頁），「その会社を，ユニークで，しかも成長を永続できる企業にするには，もはやワンマン経営は適さなくなる。会社の成長に伴って，ある時点で，ワンマン経営から180度の切りかえを，はかる必要が出てくるはずだ」（同160頁）と指摘した。

- ドラッカー（2015）は，「ベンチャーが発展し成長するに伴い，創業者たる企業家の役割は変わらざるをえない。これを受け入れなければ，事業は窒息し崩壊する」（同182頁）と指摘した。さらに，「まさに確立した事業体として成功し成人したかに思われたそのとき，理解できない苦境に陥る。（中略）原因は常に同じである。トップマネジメントの欠如である。企業の成長がトップ一人でマネジメントできる限界を超えた結果である。いまやトップのチームが必要である。（中略）もしトップの一人ないし二人があらゆることを自ら行いつづけるつもりでいるならば，数か月あるいは遅くとも数年後には経営危機が避けられない」（同178-179頁）と論じた。

- ティモンズ（1997）は，「ベンチャー企業が創業者の推進力と支配力によりスタートアップ段階を生き延び，急成長段階に移るに従い，創業者

には起業家であると同時に企業経営者であることが要求される。成長を継続し結果的に収穫に至る過程で，起業家が企業経営者として機能するかどうかが重要な分岐点となる」（同214頁）と指摘した。

また，「成功する起業家は自分の知識の限界を認識しており，彼らの知的誠実性と楽観主義が近視眼的妄想に，またベンチャーの夢が無謀な野望と化すことを防ぐ。（中略）移り変わるベンチャーの事業環境で何が必要とされ，だれに助けを求めるべきかを知る起業家は，経営能力のある起業家である」（同216頁）と論じた。

以上の先行研究は，「起業家に不足している能力」及びワンマン経営の問題を念頭に置いて，「起業家」から「経営者」への転換，さらには経営チームへの移行の必要性を指摘している。その一方で，起業家の特性が「守り」の経営の障害となる「起業家ならではの弱点」については十分に認識されていないことに注意が必要である。

3.4 ベンチャー経営の変革困難性のリスク

DeNAでは，その立ち上げ及び急成長の過程で，南場氏や守安氏[13]が「強い志」と「目標達成への執念」を兼ね備えた起業家として同社を牽引した。しかし，DeNAが売上高1000億円を超える上場企業に発展した後も，依然として起業家主導のワンマン経営が維持されたことが，著作権侵害事件の重要な背景となっていた。この問題を「ベンチャー経営の変革困難性のリスク」と名付け，「ベンチャー企業が成長を遂げたにもかかわらず，起業家自身が経営方式の変革に消極的であるために，リスク管理や企業統治の整備が遅れて経営上の問題が誘発されるリスク」と定義する。

ベンチャー企業の経営変革の方策としては，起業経営者を支援する補佐役の起用，起業経営者の暴走を抑止する企業統治の構築，起業経営者のワンマン経営から経営チームへの脱皮，そして起業経営者の退場に伴う後継者の選定の4件が挙げられるが，これらの方策が頓挫してしまう問題について以下

13　DeNAが設立されたのは1999年3月で，守安氏は同年11月に入社している。したがって，厳密に言えば守安氏は起業家ではないが，その特性や実績に基づき起業家と見做すことが適当である。

4 補佐役の起用

　松田（2014）は，ベンチャー企業の急成長期に「攻め」の経営を優先するあまり，「管理不在のザル経営」に陥ることを避けるために「ナンバー2（番頭）」の役割が重要であるとしている（同 98 頁）。「急成長期」前半は，企業規模がそれほど大きくない上に，起業経営者が引き続き強いイニシアティブを発揮することが不可欠であることから，補佐役を起用して「起業家に不足している能力」を補完することが有用である。

4.1　補佐役の役割と定義

　これまでの経営学では，経営者のリーダーシップに関する研究は進んでいるが，その補佐役に関する研究は非常に少ない。補佐役の性質上，その活動を外部から観察するのが難しいことが大きな理由である[14]。

　補佐役の定義も必ずしも明確でない。例えば，森（1994）は，「組織のトップに直属し，トップにはならず，トップリーダーのリーダーシップ発揮を背後で支える人」（同 31 頁）と定義したが，トップに仕えるスタッフとの区別が曖昧である。また，自らはトップにならないことを要件の一つに掲げているが，後述する盛田昭夫氏や石坂泰三氏のように，トップの引退などに伴って，実際に補佐役がトップの座に就くケースは決して珍しくない。

　そこで，補佐役の定義を明らかにするために，まず補佐役の役割について考察する。この点に関する先行研究は以下のとおりである。
- 森（1994）は，補佐役の機能として，①トップリーダーの負担を軽減すること，②決断を補完すること，③非を諫めることの 3 点を掲げた（同 121 頁）。さらに，業務を上手く遂行してもトップの手腕と認識されてしまう点で「報われない仕事」であることや，諫言などのためにトップ

14　「大多数の普通の補佐役は，通常目立たないことが多い。したがって，彼らの言動についての資料を得ることは難しい。さらに，これらの補佐役の役割を定量化することも難しい。これが，補佐役の研究を難しくしている。そのために，これまで補佐役に関して，研究の手がかりとなるような仮説や理論はほとんどなかったのである」（森（1994），32 頁）。

と対立して解任されるリスクがあることを指摘した上で，補佐役にはトップとの「分かちがたい絆」が不可欠とした[15]。

- 青野（2011）は，「企業が小規模のうちは，トップの不得手とするものも企業のウィークポイントにならないものの，（中略）中堅企業の段階まですすむとトップの弱点がそのまま企業のウィークポイントとして表われるのである。このウィークポイントを補い，埋めるのが補佐役の仕事で，なかんずくトップの第一の総合補佐役——すなわち女房役に課せられた最重要の実務なのである」（同198頁）と指摘した。

具体的な機能としては，①トップの弱点を補い，トップが働きやすい環境づくりをすること，②トップに非がある場合，その非を諫め，軌道修正をすること，③適切なる情報の提供と，適時に適切なる提言を行うことによって，トップの意思決定と決断を補完すること，④トップの分身としてビジネスの第一線に立つことで，トップの負担を軽減することの4点を掲げ（同3頁），陽の当たらない裏方の仕事に進んで従事することなどを求めた（同107頁）。さらに，トップとの信頼関係を維持する要件として，トップの思想・経営理念・人生哲学を深く理解していることや，個人的な野心がなく，諫言に私心が混じらないことなどを挙げている（同230頁）。

以上のとおり先行研究では，経営者の負担軽減，業務の補完，諫言が補佐役の機能とされ，さらにその特徴として，裏方の仕事であること，経営者との信頼関係が不可欠であることが挙げられている。このうち「諫言」[16]は，厳しい意見具申ができるほど経営者との間に特別な信頼関係が構築されている状態を示すものであり，「経営者の負担軽減」は補佐役の活動の結果である。また，経営者の補完である以上，裏方的な仕事が多くなるのは当然であ

---

15 「リーダーとその補佐役との関係は，信頼を基礎として成立するといわれる。しかしこの"信頼"という抽象的な概念で説明されるよりも，分かちがたい絆という言葉のほうが，リーダーと補佐役の関係を理解する上でより具体的であり，より重要である，とわれわれは考えている」（森（1994），186頁）。

16 補佐役という用語はかねてから存在したが，リーダーにとっての補佐役というイメージは，堺屋太一氏の『豊臣秀長 —ある補佐役の生涯—』（1985年，PHP研究所）に触発されたものであり，これまでの研究対象も歴史的人物に偏っていたことから，「諫言」という時代がかった表現が多用されたと考えられる。

ろう。

　以上のように先行研究を整理すると，「経営者の補完」と「経営者との特別な信頼関係」が補佐役の本質的要素と認められる。したがって本書では，「経営者と特別な信頼関係で結ばれ，経営者が不得意な業務分野を補完する者」と補佐役を定義する。

4.2 補佐役の実例

　補佐役の実例としては，以下に説明するトヨタ自動車の石田退三氏，本田技研工業（以下，「ホンダ」）の藤沢武夫氏，ソニーの盛田昭夫氏の 3 人が挙げられることが多い。いずれも今日では日本を代表する巨大企業であるが，彼らが活躍した当時は事業の不確実性が大きく，ベンチャー企業と呼んでよい状況であった。なお，松下電器（現パナソニック）の高橋荒太郎氏も補佐役の好例とされるが，同氏の場合には，松下幸之助氏の弱点を補完したというよりも，その経営哲学の忠実なる実践者という側面が強いため，本書における補佐役の定義から外れる[17]。

- 石田退三氏（1888〜1979 年）

　豊田紡織の工場長・海外駐在などを経て 1941 年に豊田自動織機に移籍，1948 年に同社社長に就任。当時は，巨額の投資を必要とする自動車産業への進出に反対の立場であった。1950 年にトヨタ自動車工業で激しい労働争議が発生し，社長の豊田喜一郎氏（以下，「喜一郎氏」）が辞任すると，石田氏がその後任となった。当時のトヨタ自動車工業は大幅な赤字が続いていたが，徹底した無駄の排除により財務を建て直すことに成功し，今日の無借金経営の礎を築いた。石田氏は，喜一郎氏に社長復帰を求めて内諾を得たが，その直後に喜一郎氏が急死したことにより果たせなかった。

　以上のとおり石田氏は喜一郎氏の後任者であり，喜一郎氏を直接補佐し

---

17 「（松下電器に入社して出会った松下幸之助氏の経営哲学は，）「金もうけしか考えていなかった」という当時の高橋氏にはとりわけ新鮮に感じられた。この出発点がその後の高橋氏の進路を決め，補佐役に徹しさせることになる。同じナンバー 2 でも本田技研工業の元副社長藤沢武夫氏が創業者社長の本田宗一郎氏と同志的，あるいは技術者に対する営業・管理者として補完関係にあったのに対し，高橋氏は松下教の伝道者とはっきり異なっていた」（日本経済新聞 1986 年 5 月 31 日朝刊記事「高橋・松下電器顧問に聞く」）。

たわけではない。しかし，起業家の喜一郎氏の積極経営のもとで業績が悪化したトヨタ自動車工業を，石田氏が堅実経営により立て直したという点で，「起業家に不足している能力」を補完したと認められる。ちなみに，石田氏には「トヨタの大番頭」との自覚があり，喜一郎氏個人というよりも，トヨタグループにとっての補佐役と見ることもできよう[18]。

● 藤沢武夫氏（1910～1988年）

商店勤務・製材所経営を経て1949年に本田宗一郎氏と出会い，ホンダの常務取締役に就任。1952年に同専務，1964年に同副社長に就任。天才肌技術者の本田氏が技術開発に専念できるように，藤沢氏は営業・資金調達・組織管理を担当した。「本田宗一郎は夢に生きる天才型企業家で，技術面でこそ天才ぶりを発揮するものの，資金づくり，販売組織づくり，経営管理は苦手で，まるで弱い。その本田宗一郎の弱点を藤沢武夫が補い，埋めている」（青野（2011），204頁）とされる[19]。

藤沢氏は，本田氏の弱点を補完しただけでなく，「いかなる場合も本田の陰に隠れて，本田の前に出ることはなかった。彼は終始，対外的には脇役に徹して，本田宗一郎という主役を引き立ててきた」（山本（1977），58頁）とされ，自ら「脇役」に徹していた[20]。さらに，藤沢氏が1973年に本田氏と一緒に引退し，自らトップに就くことはなかったことから，最も典型的な補佐役と認められる。

● 盛田昭夫氏（1921～1999年）

太平洋戦争中に井深大氏と出会い，1946年に同氏とともにソニーの前身である東京通信工業を設立して取締役に就任。1959年にソニー副社長，1971年に同社長に就任。天才肌技術者の井深氏が主に製品開発に従事す

---

18 「退三は佐吉にとっては補佐役だったが，喜一郎にとっては補佐役というより，ちょっと煙た過ぎる存在だったかもしれない。（中略）彼はお店の番頭という意識があるからこそ，トヨタという会社を守り通したのだと思える」（小田（2007），168頁）。
19 「本田宗一郎と藤沢武夫は技術と経営という自らの得意とする分野に専念し，お互いの受け持つ部門にはいっさい干渉しなかった」（四宮（2006），19頁）。
20 藤沢氏自身は，「主役というのは，どこまでいっても主役であり，その主役に思うようにさせてあげなければ，主役の役目は果たせない。（中略）脇役には脇役として，どうしても出なければいけない場面がある。それは，主役に脚光を浴びせるときと，何かの拍子に，主役が傷つきそうになったときですョ。そのときにこそ脇役は，最大の演技力を発揮しなければならない」（山本（1977），59-60頁）と述懐している。

る一方で,「盛田昭夫は,井深と同じ技術者経営者でありながら,とくにマーケットの教育,販路の開拓,そしてブランドの確立に大きな貢献をなし,ソニーの創造的な研究開発活動を国際的なビジネスとして成功させる道筋をつくりあげた」(四宮(2006),9頁)とされる[21]。

井深氏の弱点を補完したという点で,盛田氏が補佐役の役割を果たしたことは間違いない。その一方で,盛田氏は井深氏と共同でソニーを設立した起業家であることや,盛田氏自らも技術者として井深氏と同じ目線で製品開発に関する議論をしていたこと[22],時には井深氏と激しく論争していたこと[23]を勘案すると,「起業家と補佐役」の関係というよりも,「起業家同士の二人三脚」と見るほうが適切かもしれない。

4.3 経営者との特別な信頼関係

補佐役の定義における「経営者との特別な信頼関係」とは,世間一般の友人関係とは異なることに留意する必要がある。経営者と補佐役が補完関係に立つ以上,両者が同質であるよりも異質であるほうが望ましいためである[24]。

- 西田(1993)は,起業家と補佐役の関係構築に当たって重要な要素として,トコトン話し合うこと,共通目標を設定すること,お互いの違いを

---

21 盛田氏本人は,「井深さんがああいう大変天才的技術屋で,おカネやそういう心配というのはあんまりしませんし,わたしは技術屋ですけど,見よう見まねでビジネスも多少知っとったもんですから,月末になるとどうやって今月の給料を払おうかということを心配したり,借金が増えすぎて困ったり」(城山(1988),112-113頁)と述懐している。
22 盛田氏は,「井深さんもわたしも,これをつくるかつくるまいかということには,相当よく考えて,技術的な目から見てこうあるべきだ,またこういうものがいる,こういうものは普及できるというメドを,理論的に考え,必ずイケルというものに集中した…。技術がわからずに,だれかがいいものを見つけて『これはいいだろう』と言ってやられるのと,我々のように技術が自分でわかっていて,これでいこうというのとはちょっと違うわけですね」(城山(1988),114頁)と述懐している。
23 盛田氏は,「わたしは井深さんと,仕事の見解では二人で大論争する。みんなの前で大論争するから,よく井深・盛田不仲説というのが世の中に流布してね。(中略)わたしと井深さんというのは,ほんとにお互いに信頼してるから,徹底的に議論をして,みんなの前で大げんかのようにやり合うから,仲が悪くなったと思うけども,我々は議論できるぐらい仲がいい」(城山(1988),131頁)と述懐している。
24 西田(1993)は,「(本田氏と藤沢氏の)二人の肌合いは似かよっているところもあるが,実は,まったく異質な面のほうがはるかに多い。趣味も好みも,かなり違っていた。思考プロセスも行動パターンも違う。行動しながら考え抜く本田さんに対し,藤沢さんは沈思黙考,熟慮断行型といえる」(同171頁)と指摘した。

認め合うことなどを指摘した。
- 藤沢氏について川島喜好氏（本田氏の後任の社長）は，「本田，藤沢という短気なコンビが，喧嘩別れすることもなくやってこられたのは，目的が『世界のホンダ』で統一されていたからでしょう。もちろん，それぞれに手段は違っていましたが，互いに相手の得手，不得手を心得ていたからですね」（山本（1977），44頁）と述懐している。
- 共に個性の強い盛田氏と井深氏が一緒に仕事できた理由について，盛田氏本人は，「お互いのメリットをちゃんと認めていれば，共存できる」（城山（1988），131頁）とした上で，「井深さんというのはほんとにユニークな人であり，ものにとらわれない，新しい理想を持った人です。そういう井深さんのもとに集まった仲間だから，みんなが井深さんの理想を何とかして実現しようという，共通の空気が生まれたんです」（前同133頁）と述懐している。

以上を踏まえて本書では，補佐役の要件である「経営者との特別な信頼関係」を「対話を繰り返すことによって，経営者の掲げるビジョンに補佐役が共鳴し，さらにそのビジョンを実現するにはお互いの存在が不可欠と認識している状態」と定義する。

発展途上のベンチャー企業としては，「経営者が不得意な業務分野を補完」できる有能な人物を雇用するだけでも決して容易ではない上に，起業家と「特別な信頼関係」を構築できる人物となるとさらに難しくなる。当人たちの相性によるところが大きいが，起業家本人の個性が非常に強いことから，なかなかそのような人物と邂逅できるものではない。この点について小田（2007）は，「トップと補佐役の関係が成立するためには，一定の条件がある。その条件とは，（中略）人格・パーソナリティ・生き方がうまく合致することであり，これは幸運に恵まれなければ成立しないことであるかもしれない」（同188頁）と指摘した[25]。

青野（2011）は，「補佐役とはもともと，一人のトップにかぎってこれを補佐するものなのである。二代のトップに補佐役として仕えることはあって

---

[25] 藤沢氏は，「本田が他の人間だったら，アタシは組まなかったかも知れない。（中略）あの人に非常な魅力があったから，アタシは組んだんですョ」（山本（1977），53頁）と述懐している。

も，それは例外にすぎない」（同111頁）と指摘したが，そのように1人の経営者だけを補佐するケースが多いのは，後任経営者との間で「特別な信頼関係」をあらためて構築することが困難なためと考えられる。

さらに，幸運にも補佐役を得られたとしても，「特別な信頼関係」が長続きするかどうかは保証の限りではない。心理学的観点から補佐役を分析した小田（2007）は，「トップと補佐役の関係はある意味で破綻しやすい危険な関係」と指摘した。その上で，過去の補佐役の失敗例では，トップが補佐役に不信感を抱いたことが破綻の契機になったとして，「補佐役の美学を貫くためにはいくつかの条件が必要で，最も重要なことがナンバー1の性格に対する気配りや配慮である。トップの自己愛的傾向，その特徴として嫉妬心の強さや他人に対する不信感を理解し，間違っても，取って代わろうとしていると思われないことである」と論じた（同192-193頁）。

その具体例として，山本（1977）は，「（本田氏と藤沢氏という）個性の強い両者が24年間，両立してこられたのは，紆余曲折を経ながらも，相互の信頼関係を最後まで，維持してきたからである。とくに藤沢が，終始，脇役に徹したこと，あるいは演出者の側に回って，いたずらに"鹿を逐う"ことをしなかったから，といってよい」（同68頁）と指摘した[26]。藤沢氏が「脇役」に徹したことが，補佐役としての務めを全うできた要因だったのである。

4.4 DeNAの補佐役

前述（第4章1.5.3参照）したように春田氏は，急成長期のDeNAにおいて起業経営者の南場氏に欠けているリスク管理面の機能を補完し，南場氏とは深い信頼関係で結ばれていたことから，補佐役の定義に合致する[27]。当人

---

[26] 藤沢氏は，「アタシは，社長になる意思はなかった。主役で，いつも飛び出して行って，自分で踊るということについては全然，興味がないんですね。だからアタシは，本田宗一郎という主役が演じる作品を演出し，舞台監督をしていたんです」（山本（1977），64頁）と述懐している。

[27] 南場氏は，「彼（筆者注：春田氏）は私の一番の相棒で，私は二人羽織で社長をやっていた。なので，彼がいなくなるというのは，本当に体が半分そがれるようなものなんです」と述懐している（日経ビジネスオンライン2015年4月20日記事「「私という人間は春田と2人で社長だった」DeNA南場氏の思い」〈https://business.nikkeibp.co.jp/article/opinion/20150417/280086/?ST=print〉）。

は,「DeNA に入社してから,私はずっと経営企画などのコーポレートの仕事をしてきたが,元々 DeNA に転職してきたのは,そうした仕事をしたかったからではなかった。(中略) それでも,会社における役割分担を考えたときに,私自身が一番適任であろうと自分自身を客観的に評価して,ある意味,やりたいことというより,やらねばならないこととして,コーポレートの仕事をしてきたのである」(春田(2015),196頁) と述懐している。

南場氏は,2011年に夫君の看病のため社長を退任する際に,春田氏を会長,守安氏を社長とする人事について春田氏に打診した。これに対して春田氏は,「南場さんには感謝しているし,南場さんを支える気持ちはあるけど,守安には特にない」(前同194頁) と述べた上で,自分がしばらく社長を務めた後に,守安氏に引き継ぐのが自然な流れではないかと南場氏に提言している。春田氏の補佐役としての忠誠心は,あくまで南場氏個人に向けられたものであった。

春田氏は,南場氏の要請に応じて会長職を務めた後,2015年に DeNA を退職した。退職理由について同氏は,「DeNA における自分の役割を冷静に見極めた上で,DeNA を離れて改めて新しいチャレンジをしてみようと思い立ったのだった。(中略) 新たな成長のためには個人のみならず組織にとっても変化は必要であろう」(春田(2015),7-8頁) と説明している。しかし春田氏の自著で,社長の守安氏を「いつもぶっきらぼうで,人としての感情や社会人としての礼儀が一部欠如している」(春田(2015),262頁) と酷評していることを考えると,両人の間に「特別な信頼関係」が存在しなかったことは間違いない。

前述したように,補佐役は経営者との相性に依存するところが大きい。守安氏と春田氏が「特別な信頼関係」をあらためて構築することができず,リスク管理の中核であった春田氏が DeNA を去ったことが,著作権侵害問題についての対応の遅れの一因になったと認められる。

4.5 小括

「急成長期」前半には,補佐役を起用して「起業家に不足している能力」を補完することが有用である。トヨタ自動車,ホンダ,ソニーは,起業家が

良き補佐役を得られたことがその急成長を支えた。その一方で，発展途上のベンチャー企業が優秀な人材を雇用するだけでも容易でない上に，強烈な個性を有する起業家との相性の良さも兼ね備えた人物を見つけるとなると，現実には相当に困難と言わざるを得ない。DeNAは幸運にも春田氏という補佐役を得たが，その春田氏の退職によって同社はリスク管理面の支柱を失うことになった。

5 企業統治の構築

　ベンチャー企業は，起業経営者が大株主である上に，業務面でも同人のイニシアティブに大きく依存しているため，ワンマン経営に陥りがちである。成長をひたすら追求する「急成長期」の前半ではワンマン経営によるメリットが少なくないが，成長が軌道に乗った「急成長期」の後半や「安定成長期」には，ワンマン経営の負の側面が顕在化しがちである。このリスクに対処するには，企業統治を構築して起業経営者に対する監視機能を整備する必要がある。

5.1 ワンマン経営と企業統治

　前述（本章3.3参照）したように先行研究では，ベンチャー企業の成長に伴ってワンマン経営の弊害が顕在化するとしている。その一方で，ワンマン経営の具体的な問題点としては，西田（1993）やドラッカー（2015）が起業経営者の個人的な能力の限界を指摘しているのみである。実際には，以下に示すようにワンマン経営によって「起業家の慢心」と「従業員の依存心」が生じることが，より重大な問題と思量される[28]。

　前述（本章2.2参照）したように，もともと起業家には「思い入れの強さ」という「起業家ならではの弱点」がある。その起業家が，事業の成功により自信を深めるとともに，相当な期間にわたって強力な権限を揮い続ければ，いずれ慢心に陥って経営判断に失敗するおそれがある。この件について，ベ

---

[28] この件に関する先行研究として松田（2014）は，ベンチャー企業が衰退期に入る理由の一つに「イエスマン幹部と起業家の"裸の王様"化」（同99頁）を挙げている。

ンチャー企業 MonotaRO[29] の起業経営者であった瀬戸欣哉氏（現 LIXIL グループ取締役・代表執行役社長）は，「会社の持続性を考えた際，創業社長というのは非常に危険な存在です。現場のことをよく分かっているから，ものすごく万能感があるんですよね。だけど，会社が大きくなってくると，その万能感が間違っていることが増えていきます。社長が知っている現場は過去の現場で，今は違うことが起きている場合があるからです。現場感覚があると過信して経営し続けると，間違ったトップダウンになる可能性があります」[30] と述懐している。

また，従業員の側も，ワンマン経営が続いたことで起業家に対する依存心を強め，何事につけてその指示を仰げばよいという発想に陥り，企業の活力が失われてしまう。この件について，ファーストリテイリングの柳井氏の後継者とされた玉塚元一氏（本章7.2参照）は，「これまでは困った時には柳井に聞けばいいだろうと頼っているところがあった。（中略）柳井さんが直接担当者を叱れば，脳が停止状態になる。そうすれば，自分で考えず言われた通りやるようになって，担当者は成長しない」[31] と語っている[32]。

一般の企業でも，ワンマン経営の弊害は決して小さなものではない[33]。しかしベンチャー企業の場合には，起業経営者は社内でカリスマ視されやすく，ワンマン経営の問題点がさらに深刻となるため，それに歯止めをかける企業統治の整備が緊要となる。この点に関する先行研究は以下のとおりである。

- 早稲田大学大学院商学研究科（2011）は，「突出した起業家の無理な経

---

29 2000年に設立され，事業者向け工業用間接資材の通信販売サイト「モノタロウ」を運営するベンチャー企業。
30 日経ビジネス2018年6月11日号記事「瀬戸欣哉社長の Do The Right Thing」125頁
31 日経ビジネス2003年1月6日号記事「玉塚元一氏 脱カリスマに挑む40歳」83-84頁
32 ちなみに，前述の瀬戸氏は，MonotaRO社長を退任した理由について，「もし僕が続けていたら，周囲はますます判断を僕に頼るようになって，次に社長になる人はさらに大変になります。（中略）どんなに優れた現場の社員でも，トップが言うことに対して疑問を持たなくなってしまったり。こうした事態は先回りしてでも防がなければなりません」と述懐している（日経ビジネス2018年6月11日号記事「瀬戸欣哉社長の Do The Right Thing」125頁）。
33 その一例として，オリンパス不正会計事件を分析した樋口（2014）は，不正会計の疑いが浮上していたにもかかわらず，役員たちが放置していた事情として，長年にわたってワンマン経営を続けていた首謀者が，「人事権などの社内支配力を行使して，取締役会や監査役会を形骸化させ，社員たちをイエスマンに作り変えることにより，外部から観察しにくい形で内部統制環境を劣化させ（ていた）」（同226頁）と指摘した。

営に歯止めをかけ，経営の基本機能を組織として運営できるような経営が，ベンチャーガバナンスにとって重要である」（同 86 頁）と指摘した。
- 岸川・八杉・谷井（2008）は，「ベンチャー・ビジネスが成功を遂げ，「起業」から「企業」に変貌した段階で，起業家もしくは経営者が判断しなければならない重大な決定事項として，企業統治方法の決定がある」（同 186 頁），「成長段階を経て成熟段階に至ると，（中略）企業統治の課題とリスク・マネジメントの問題が深く係わりあっている」（同 208 頁）と指摘した。
- ドラッカー（2015）は，「創業者は，基本的な意思決定について話し合い，耳を傾けることのできる相談相手を必要とする。ただしそのような人間は社内ではめったに見つからない。創業者の判断や強みを問題にできる外部の人間が必要である。創業者たる企業家に対し，質問し，意思決定を評価し，市場志向，財務見通し，トップマネジメント・チームの構築など生き残りのための条件を満たすよう絶えず迫っていく必要がある。これこそ，ベンチャーが企業家マネジメントを実現するための最大の要件である」（同 188 頁）と指摘した。

その一方で，企業統治を構築するのは「監視される側」の起業経営者であるため，そもそも企業統治に不熱心であったり，自らの経営判断に容喙されないように不適切な社外役員を選任したりするなどの問題が生じやすい。DeNA の企業統治については前述（第 4 章 1.6 参照）したので，以下ではファーストリテイリングとソフトバンクを対象に，企業統治の中核となる社外取締役の任用について検証する。

5.2 ファーストリテイリングの企業統治

柳井氏は，日本ゼネラル・エレクトリック社副社長の松下正氏を 2005 年に取締役として招聘し，ファーストリテイリングの企業統治の整備を委ねた。松下氏は 2009 年 2 月に退職したが，2009 年度における同社の取締役会は 5 人の取締役から構成され，柳井氏以外の 4 人は社外取締役であった。以下のとおり，社外取締役に必要な経営経験を有する人物が選任されていたと

認められる。
- 半林亨氏（2005年11月～）　元ニチメン社長
- 服部暢達氏（2005年11月～）　元ゴールドマン・サックス社マネージング・ディレクター，早稲田大学大学院教授
- 村山徹氏（2007年11月～）　元アクセンチュア社長
- 新宅正明氏（2009年11月～）　元日本オラクル社長

2017年度には，同社の取締役会は6人の取締役から構成され，柳井氏以外の5人が社外取締役であった。ところが，この5人のうち4人は，前述の半林氏・服部氏・村山氏・新宅氏の留任であった。残りの1人は，以下の名和氏である。
- 名和高司氏（2012年11月～）　元マッキンゼー社ディレクター，一橋大学大学院教授

経済産業省の「コーポレート・ガバナンス・システムの在り方に関する研究会」は，上場企業が良質な企業統治を確保するための指針として，「社外役員等に関するガイドライン」（2014年6月30日）[34]を制定した。その中には，「5.2.5 企業は，監督の実効性と独立性のバランスを考慮して，非業務執行役員（筆者注：社外取締役及び社外監査役を指す）の最長在任期間を検討することが望ましい。企業は，非業務執行役員の独立性を確保するため，非業務執行役員の最長在任期間を設けることが考えられる」と規定されている。

当該企業についての理解不足により悪影響が出ることを避けるため，社外取締役の在任期間はある程度長いことが望ましい。その一方で，在任期間が長くなるに連れてマンネリ化することは避けられない上に，経営者との人間関係が濃厚となり，社外取締役の最大の要件である独立性が失われてしまうおそれがある。最長在任期間を設定するのは，それに対処するためである。

社外取締役の任期に関して，日本取締役協会が発表した「コーポレートガバナンスに関する基本方針ベスト・プラクティス・モデル」の第17条3項は，「指名諮問委員会は，再任時において独立社外取締役の在任期間が6年を超えるような場合には，再任の当否を特に慎重に検討する」と規定してい

---

[34] 〈http://www.meti.go.jp/policy/economy/keiei_innovation/keizaihousei/pdf/140630corp_gov_guideline.pdf〉

る。日本企業では社長が4～6年で交代する慣行が見受けられ，原則6年という社外取締役の最長在任期間は実務的に妥当なものと認められる。ちなみに，社外役員の実態を調査したプロネッド（2017）によると，社外取締役の平均在任期間は4.3年であり，独立社外取締役に限っても同4.5年であった。

翻ってファーストリテイリングの2017年度の社外取締役を見てみると，半林氏・服部氏は在任12年，村山氏は10年，新宅氏は8年，最短の名和氏も5年となる。このように構成が長期停滞していることは，社外取締役の独立性の面で不適切と言わざるを得ず，また，社外取締役当人に自らの在任期間の長さに対する問題意識がないことも懸念材料となる。ファーストリテイリングでは，社外取締役が適切な監視機能を発揮できているのか疑問であり，柳井氏のワンマン経営に対する追認機関と化しているおそれがある。

5.3 ソフトバンクの企業統治

2017年度のソフトバンクグループの取締役会は，計11人の取締役から構成され，そのうち以下の4人が社外取締役であった。

- 柳井正氏（2001年6月～）　ファーストリテイリング会長兼社長
- 永守重信氏（2014年6月～2017年9月）　日本電産会長兼社長
- マーク・シュワルツ氏（2017年6月～）　ゴールドマン・サックス社シニア・ディレクター
- ヤシル・アルルマヤン氏（2017年6月～）　サウジ政府系ファンド取締役

このうちシュワルツ氏は，2001年6月から2004年6月にかけて，そして2006年6月から2016年6月にかけて，計13年間もソフトバンクグループ（旧ソフトバンク）の社外取締役を務めた経歴を有する。前述したように社外取締役の最長在任期間は6年程度が妥当であり，「通算」についても同様と考えられるところ，同氏の社外取締役の再々選任は不適切と考えられる。また，アルルマヤン氏は，ソフトバンクが新たに発足させた「ソフトバンク・ビジョン・ファンド」の最大出資者であるサウジ政府系ファンドの取締役であるため，特別な利害関係者という側面が強く，社外取締役としての適性に欠ける。

柳井氏と永守氏は，いずれも起業経営者として高名であり，豊富な経営経験を蓄積している。実際にも両氏は取締役会で積極的に発言しており，例えばソフトバンクが2016年に英半導体設計企業ARM社を約3兆円で買収した件では，厳しい指摘を行ったとされる[35][36]。

　その一方で，両人ともそれぞれの企業のCEOとして多忙であり，変化が速いソフトバンクの業務をどれだけ把握できるのか聊か疑問である[37]。さらに柳井氏の場合は，孫氏との個人的な親交が深い上に，既に17年間も社外取締役を務めており，シュワルツ氏と同様に在任期間が長すぎるという問題がある。

　ちなみに，後述（本章7.3参照）する孫氏の後継者問題に関連して，孫氏の続投を発表したソフトバンクグループの株主総会で両人は以下のとおり孫氏を擁護している[38]。両人とも長期にわたりCEOにとどまっていることから，自らに対する批判を回避するために，孫氏の続投を許容したとの見方も

---

[35] 「ソフトバンクグループという「帝国」の王である社長の孫に対して，苦言を呈する部下は社内から減りつつある。そんな孫が，社内でも容赦なく批判を浴びる場所がある。それが持ち株会社の取締役会だ。中でも舌鋒鋭いのが，孫の盟友でファーストリテイリング会長兼社長の柳井正と，日本電産会長兼社長の永守重信という2人の社外取締役である。（中略）昨年のアーム買収をめぐっては，「今の価値だと高く見えるが，大きな可能性がある。囲碁の50手先を見ている」と力説する孫に対し，「IoTの競合は本当にいないのか」「米マイクロソフトが参入してきたらどうするんだ」と柳井と永守は厳しく突っ込んだという」（週刊ダイヤモンド2017年9月30日号記事「世界で勝つための冷徹人事」50頁）。

[36] 永守氏は，毎日新聞2017年6月8日朝刊のインタビュー記事「買収「高値づかみするな」」で，ARM社について「今ある技術にそれほど価値があるとは思えない。僕の目利きだと10分の1の3300億円」とした上で，「孫さんにも相当な目利き力がある。どちらが正しいかは歴史が証明する」と述べており，取締役会で激しい議論となったことがうかがえる。
　この件についてソフトバンクグループの株主総会で質問された永守氏は，「「すべて孫社長が正しいなら社外取締役はいらない」と切り出したうえで，「日本電産はハードメーカーなので3000億円以上出せないということ。3兆円には今でも驚いていて一抹の不安はあるが（社外取締役として）最終的に賛成した」と説明した」とのことである（東洋経済オンライン2017年6月22日記事「孫社長，「後継者はAIではなく人間にしたい」」〈https://toyokeizai.net/articles/print/177358〉）。
　なお，永守氏については，「数多くのM&Aを成功させる一方で，どのような案件も価格が見合わなければ止め，決して「高値摑み」をしないことで知られて（いる）」（樋口（2017），248-249頁）とされる。

[37] 取締役会の出席率は，柳井氏が2015年度77.8%（9回中7回）・2016年度100%，永守氏が同じく55.6%（9回中5回）・100%であった。ちなみに，永守氏は2017年9月に社外取締役を退職したが，その理由については「本業との兼務が困難となった」（日本経済新聞2017年9月30日朝刊記事「ソフトバンク社外取締役退任」）と発表されており，多忙さが障害となっていたと推察される。ただし，任期途中での退職は不自然であることから，前述したようにARM社の買収を巡って孫社長と意見が対立したことが原因であった可能性も否定できない。

[38] ログミーファイナンス2016年6月22日記事「柳井正氏「60歳にもなってないのに引退？ 冗談じゃない」孫正義氏に送られた社長続投へのアドバイス」〈https://finance.logmi.jp/149377〉

可能であろう。
- （柳井氏）「僕が孫さんに申し上げたのは，孫さんみたいな人はいなくて，次の後継者は孫さんみたいな人がなっちゃいけない。（中略）60にもなってないのに引退？冗談じゃないぞ，というふうに申し上げました（笑）」
- （永守氏）「先ほどから年齢の話ばっかり出てますが，私すでに古希を迎えておりまして。（会場笑）この間の私ども（筆者注：永守氏が経営する日本電産）の株主総会でも，まったく逆の意見で「120歳までやれ」と。人の経営意欲とか，そういうものは年齢ではないんです。（中略）体力的にも精神的にも，そんな若い人には絶対負けないという気持ちで，非常に意欲的に会社の経営をしております。ですから，孫さんが60歳で辞めるなんて，僕はそもそも最初から「絶対辞めないな」と思っておりました。（会場笑）そして，今から69歳までやるとか言われておりますけど，69歳になったらまた10年やりますよ。（会場笑）」

5.4 小括

　ベンチャー企業は，起業経営者の実質的な権限が強い上に，同人のイニシアティブに大きく依存しているため，ワンマン経営に陥りがちである。成長が軌道に乗った「急成長期」の後半や「安定成長期」には，企業規模の拡大に伴ってワンマン経営の負の側面が発現するため，企業統治を構築して起業経営者に対する監視機能を整備する必要がある。しかし，著作権侵害事件を起こしたDeNAだけでなく，ファーストリテイリングやソフトバンクでも，企業統治の中心的役割を果たす社外取締役について，在任期間が異常に長い，経営者と同質性が強い者が選任されているなどの問題が認められた。

　こうした問題が起きる背景として，ワンマン経営によって起業経営者が慢心に陥りがちなことに加えて，スピード感やリスクテイクを重視していることから，一般の経営者では議論のペースが合わないことが挙げられる。しかし，社外役員が自分とは異質であるからこそ，違う視点から事象を観察することが可能であり，企業統治のための監視機能が発揮できるということに，起業経営者は思い至るべきである。

■ 6 チーム経営への移行

　前述（本章3.3参照）のとおり先行研究は，ベンチャー企業の成長により企業規模が拡大するのに伴って，起業家個人による経営から，チームによる経営に移行する必要性を指摘している。このチーム経営は，「起業家に不足している能力」や「起業家ならではの弱点」をカバーするだけでなく，ワンマン経営を解消する意味でも重要である[39]。

　ドラッカー（2015）は，「ワンマンによるマネジメントが失敗する前に，そのワンマン自身が，同僚と協力すること，人を信頼すること，さらには人に責任をもたせることを学ばなければならない。創業者は，付き人をもつスターではなく，チームのリーダーになることを学ばなければならない。（中略）ベンチャーのマネジメントに関して重要なことを一つ挙げるとするならば，それはトップマネジメントをチームとして構築することである」（同182頁）として，チーム経営への移行をベンチャー経営の最重要事項に掲げている。

　なお，チーム経営への移行は，起業経営者の後継者選任と関連することが少なくないが，後継者問題については後述（本章7参照）する。

6.1　チーム経営の障害となる起業家

　チーム経営への移行は，「急成長期」に企業規模の拡大に合わせて進める必要がある。ベンチャー企業も，「急成長期」の後期になれば，従業員が相当な経験を蓄積している上に，企業の知名度向上により優秀な人材をスカウトすることも可能となるため，経営チームを構成するメンバーを集めることは難事でなくなる。

　しかし現実には，ワンマン経営から脱却できないベンチャー企業が多い。

39　チーム経営への移行は，起業経営者や補佐役による属人的な経営からの脱却を意味する。ホンダについて山本（1977）は，「「（本田氏と藤沢氏という）個性の強い経営者が両立し得たのも，創業者であり，企業の創成期だったからで，展開期に入った今日では，必ずしも適合するとは限らない。なぜなら，本田と藤沢の二人は，組織に入って動く人間ではなく，企業が組織的に運営されている現在では当然，はみ出してしまう。極言すれば，いまの本田技研には，本田宗一郎や藤沢武夫のような"創業者的人間"は必要でなくなってきた，ということである」（同43頁）と説明している。

例えば，本書でたびたび取り上げてきた DeNA，ファーストリテイリング，ソフトバンクのいずれも，チーム経営がなされているとは言い難い。その理由として，起業経営者自身がチーム経営への移行に対する障害となってしまうことが挙げられる。

チーム経営への移行とは，起業家がそれまで独占していた権限を他者に委譲することである。この点についてティモンズ（1997）は，「企業が成長するに従い，自ら行動することから直接的管理，そして管理職が管理するスタイルに移行する（中略）おそらく創業者にとって最も困難な挑戦課題は，この急成長期に生じるであろう。それまで日常茶飯に行使していた意思決定に関する権限や支配力（拒否権）を手放す必要性に気づくとき，そして最終的なリーダーシップと責任は放棄することなしに主要な権限委譲が必要になるときである」（同 221 頁）と指摘した。

起業家にしてみれば，これまで独占していた権限を手離すこと自体が苦痛を伴う上に，自らの経営手腕によってベンチャー企業を成長させてきたとの強い自信[40]があるため，経営チームの能力に対して懐疑的になりがちである。起業家には大企業病を嫌悪する者が多く[41]，チーム経営への移行に伴う意思決定の遅延や手続きの増加も不満の種となる。さらに起業家は，前述（本章 2.1 参照）したように「強い志」「目標達成への執念」「リスクを怖れぬ姿勢」「強いイニシアティブ（行動力）」などの特性を持ち合わせているところ，経営チームが「守り」の比重を高めることを，起業家精神の欠如と受け止めて反発してしまう。

要するに，これまで積み上げてきた成功体験や起業家精神が，チーム経営への移行の妨げとなるのである。ベンチャー企業の大株主である上に，これまで事業の成長を牽引してきた実績を有する起業経営者が，チーム経営への移行に消極的であれば，話が進展するはずもない。また，仮にチーム経営の

---

[40] 「多くの起業家（創業者）にとっては，180 度の変革（変態）を迫られることになる。なぜなら，苦しいスタートアップ期を切り抜け，急成長を駆け上がってきた起業家はそれなりの成功体験を持ち，自らのマネジメントに自信を持っている。しかも，自らが陣頭指揮してきたという自負心がある」（柳（2004），197 頁）。
[41] 「ベンチャー・ビジネスの経営者の多くは，大企業体制に造反して登場しているだけに，大企業体制の限界を意識し，その弱点の克服を意図する者が多い」（清成・中村・平尾（1971），68 頁）。

形式を整えたとしても，それを有名無実化してワンマン経営に立ち返るのは容易である。

6.2 ファーストリテイリングの試み

かつて柳井正氏は，自著の中で，「ワンマン経営＝人材手足論は，上手くいっているときには最大の効果を発揮するが，時間がたつと必ずつけがまわってくる。経営もマンネリ化したら終りだ。一人の人間が全部決めてやるということは，マンネリ化する時期が早まるということを意味する。次代を担う人たちも育成できない」（柳井（2003），154頁）と語り，ワンマン経営のリスクを認識して経営チームへの移行を視野に入れていた。

2005年9月に後述（本章7.2参照）のとおり玉塚氏を更迭して柳井氏が社長に復帰すると，経営体制を大きく変更して委任型執行役員制度[42]を導入した。具体的には，大企業の幹部経験者数名を執行役員に任命し，柳井氏はその監督に当たることとした。経営チームへの移行を試みたものであるが，執行役員たちの大企業的な縦割りの経営スタイルや，現場の把握が不十分なことに不満を抱き，1年程度で柳井氏が直接経営する形に戻ってしまった[43]。

その後も柳井氏はチーム経営を完全に否定したわけではなく，「僕は創業者であり，会長兼社長であり，今は僕がオールマイティで，1人でやってい

---

[42] 「ここで柳井が試みたのは「経営に専念する」というスタイルだ。1年ごとに委任契約を結び直し，ミッションを達成すれば多額の報酬を与える「委任型執行役員制度」を導入することで，役員たちに経営者マインドを植えつけようと試みた」（日経ビジネス2009年6月1日号記事「後継条件は「ユニクロ人」」39-40頁）。

[43] 「部下に指示を出し，上がってきた案件を決裁するという経営スタイルが身についている大企業出身の執行役員だと，それぞれの担当部署との連携が薄れ，発展途上のFRにうまくフィットしなかったのだ」（週刊ダイヤモンド2010年5月29日号記事「最大の事業リスクは柳井氏自身　経営者養成機関は機能するのか」56頁）。
「（委任型執行役員制度を導入した当初の柳井氏について，）「この時期は，フラストレーションがたまっても，じっと我慢して現場の声を聞こうとしている感じがあった」と同社関係者は振り返る。ところが5月に取材に応じた柳井の発言からは，その経営スタイルが再度姿を変えていることがうかがえた。柳井氏は言う。「現場がやるべきことを徹底してやるためには，社長がその中心にいなくてはならない」。そして，現場でやるべきことが実行されているかどうか，「細かいことまで全部目を通すようにした」」（日経ビジネス2009年6月1日号記事「後継条件は「ユニクロ人」」40頁）。
「上滑りしていた部分はあったと思います。本部で考えた机上の空論ばかりだったので，うまくいっていなかった。私がもう一度中心になって，そこをしっかりやろうと，小さいことまで全部目を通すようにしました」（日経ビジネス2009年6月1日号記事「柳井正氏　僕の理想は人より高い」42頁）。

る。ただ，僕が今やっている仕事は，次の世代の経営者1人ではできないと思う。だから恐らく"チーム経営"に移行することになるだろう。代表者は必要なので指名するが，社長のあり方は今，僕がやっているものとは異なる性質のものになっていくはずだ」[44]と述べている。

ただし，そこには自身のワンマン経営に対する不安は見られない。大株主でも起業家でもない後継者の時代になれば，チーム経営に移行せざるを得ないだろうと観測しているだけである。柳井氏が，社長復帰後に再び同社を成長軌道に乗せたことで自らの経営手腕への自信を強める一方で，委任型執行役員制度の失敗によりチーム経営に対する期待を喪失していることがうかがえる。

6.3　小括

ベンチャー企業の成長により企業規模が拡大するのに伴って，起業家個人による経営から，チームによる経営に移行することが必要である。このチーム経営は，「起業家に不足している能力」や「起業家ならではの弱点」をカバーするだけでなく，ワンマン経営を解消する意味でも重要である。しかし現実には，起業経営者自身がチーム経営への移行に対する障害となってしまっているケースが少なくない。

起業経営者には自らの経営手腕によってベンチャー企業を成長させてきたとの強い自信があり，チーム経営への移行に伴う意思決定の遅延や手続きの増加が不満の種となる。また，「強い志」「目標達成への執念」「リスクを怖れぬ姿勢」「強いイニシアティブ（行動力）」などの特性を持つ起業家は，経営チームが「守り」の比重を高めることを起業家精神の欠如と受け止めて反発する。これまで積み上げてきた成功体験や起業家精神が，チーム経営への移行の妨げとなってしまうのである。

44　Chain Store Age 2012年8月1-15日号53頁

7 後継者の選任

エネルギッシュな起業家も，年齢を経るに連れて体力や集中力が減退していくことは避けられない。後継者へのバトンタッチは，起業家の老化が経営判断の躓きとなることを防止するとともに，ワンマン経営から脱却する契機ともなる。さらに，もともと起業家は「守り」の面における脆さを抱え，大企業の経営者としての安定性に欠ける面は否めないところ，企業規模に則したバランスの取れた経営者に交代することの意義はより大きい。

7.1 後継者に不満を抱く起業家

ベンチャー企業の後継者は，それまで急成長の主役であった事業が成熟した段階で引き継ぐことになる。そのため，停滞を打開するためにイノベーションを起こしたり，新規事業を立ち上げたりといった起業家としての活動を求められる一方で，大規模組織の経営者として組織管理にも従事しなければならない。言い換えれば，「攻め」と「守り」の両面のバランスが後継者には必要とされる。以前よりも「守り」の比重を増やすという点で，後継者への交代がチーム経営への移行と重なることも少なくない。

DeNAの場合には，南場氏と同質性が強い（＝起業経営者の性格が強い）守安氏が後継者とされ，「守り」の面における脆さが解消されなかったことが不祥事の一因となった。さらに，守安氏の後継者となり得る人材の育成も進んでいなかった[45]。

他のベンチャー企業でも，起業経営者が後継者の選任に消極的であったり，後継者を選任しても権限をなかなか委譲しなかったりするケースが散見される。後述するファーストリテイリングやソフトバンクでは，起業経営者本人がかねてから後継者の必要性を唱え，実際に後継者を選任したにもかかわらず，その後にワンマン経営を復活させてしまった。

このように後継者へのバトンタッチが上手くいかない理由として，後継者

---

[45] 南場氏は，「かつて私（筆者注：南場氏）に対して守安が楯突いてきたように，守安に対して物をずばずばと言う次世代のリーダーをちゃんと育てることができていなかった」と反省している（日経ビジネス2017年10月9日号記事「私たちは挑戦を諦めない　南場智子氏」80頁）。

には「攻め」と「守り」の両面への配慮が必要とされるところ，起業経営者の目からは，「強い志」「目標達成への執念」「リスクを怖れぬ姿勢」「強いイニシアティブ（行動力）」などの特性が不足しているように受け取られてしまうことが挙げられる。後継者への交代とチーム経営への移行が重なった場合には，チーム経営への移行に伴う意思決定の遅延や手続きの増加に対する不満も，後継者に対して向けられることになる。

さらに，後継者に交代すること自体が，起業家にとって大いなる苦痛となることも看過できない。「独立性」が非常に強く，「強いイニシアティブ（行動力）」によって事業を切り拓いてきた起業家にとって，自らが主導的に経営に携わることができない状況にフラストレーションを感じることは避けがたい。

こうした後継者への不満とフラストレーションが素地となって，「目標の達成（あるいは志の実現）のためには，自分が経営手腕を揮うしかない」という自己正当化がなされ，起業家の続投あるいは再登板という事態に至ってしまうと考えられる。その意味では，チーム経営への移行の問題と同様に，これまで積み上げてきた成功体験や起業家精神が，後継者へのバトンタッチの妨げとなるのである。その実例として，ファーストリテイリングとソフトバンクの後継者問題について検証する。

7.2 ファーストリテイリングの後継者問題

柳井正氏は，2002年11月に後継者として玉塚元一氏を代表取締役社長に据え，自らは代表取締役会長に退いた。その背景について柳井氏は，「肉体的にも精神的にも衰え始める50代の経営者（本人は53歳（筆者注：記事掲載当時））が，権力者で居続けることは，企業の繁栄を考えた場合，良くないですから」[46]と説明しており，自らの老化が経営にマイナスとなるのを懸念していたことがうかがえる。

しかし，2005年9月に玉塚氏は退職し，柳井氏が社長に復帰した。その実質は玉塚氏の更迭であった。当時，ユニクロの躍進を支えたフリースブー

46　日経ビジネス2003年1月6日号記事「玉塚元一氏　脱カリスマに挑む40歳」82頁

ムが去り，売上高が 2001 年 8 月期の 418,561 百万円から 2003 年 8 月期には 301,751 百万円に低落していた。この情勢を受けて，成長路線のリスクを懸念した玉塚氏が漸進路線に転換したのに対し，成長志向の強い柳井氏が不満であったことが原因とされる[47]。

　社長復帰について柳井氏は「緊急避難的な措置」と説明したが，その後も社長の座に留まり続けた。その理由について柳井氏自身は，「今はすごくチャンスがある。(中略)このチャンスを生かして企業体質を根本的に変えるのは自分にしかできないと思っています。(中略)経営者は会社の魅力を高めるために存在するのであって，その能力は私がいちばんあると思っています。だから，自分がやるということです」[48]と説明した。

　2009 年に柳井氏は，自分が 65 歳（2014 年 2 月）になるまでに社長を引退して会長職に専念する方針を明らかにした[49]。しかし，その直前の 2013 年 10 月に，「グローバル化を加速している最中なので社長を引退することはできない」と前言を撤回し，本書執筆の時点では依然として社長を務めている。

　なお，2012 年時点で柳井氏は，後継者の条件について，「企業や店，ブランド，社員に対する想いの強い人。絶対に世界一になりたいという大志を抱き，最後まで諦めない人」と説明している[50]。柳井氏自身の複製のような人物でなければ後継者にできないとの趣旨と解され，そのような人物がなかな

47　玉塚氏が「危機を乗り切るため，業務や商品の改善で成長軌道に戻すことを優先した。成長路線への切り替えはリスクが大きいと考えていた」のに対し，柳井氏は「玉塚君は安定的に成長させたいが，私はもっと変化して成長させたい。『思い』の違いがあった」とされる（週刊ダイヤモンド 2017 年 7 月 8 日号記事「安定という病」49 頁）。
　　当時の柳井氏については，「常に変革と高成長を求め，現状維持を嫌う柳井氏にとって，玉塚氏の安定路線は耐えられなかった。玉塚氏の社長時代，柳井氏は努めて経営の執行には口を出さずにいたようだが，「あの頃の柳井さんはストレスで顔色も悪かった。社長に復帰すると瞬く間に元気を取り戻していた」」との証言がある（週刊ダイヤモンド 2010 年 5 月 29 日号記事「最大の事業リスクは柳井氏自身　経営者養成機関は機能するのか」56 頁）。
48　週刊ダイヤモンド 2009 年 4 月 18 日号記事「編集長インタビュー　柳井正」130 頁
49　「本当の経営者をやろうと思ったら，体力がないとできません。(中略)だから僕は 65 歳までの 5 年間で経営の現実的な執行は勘弁してもらおうと思っているんですよ。その間に，経営の現実的な執行を任せられる人を複数育成しないといけない。(中略)バトンタッチできるような体制を作ることが，経営者の仕事ですよ。多分，それをやらないと，将来的に継続して成長することは難しい」（日経ビジネス 2009 年 6 月 1 日号記事「柳井正氏　僕の理想は人より高い」44 頁）。
50　Chain Store Age 2012 年 8 月 1-15 日号 53 頁

か見つからない以上，さらに柳井氏の続投が続く可能性がある。

7.3 ソフトバンクの後継者問題

孫正義氏は，「僕は毎月のようにシリコンバレー行くんですけどね，シリコンバレーで60歳って言ったら化石のような年寄りですよ。（中略）僕自身の年齢が，体力が，ソフトバンクの将来の成長の妨げになってはいけない。やっぱできるだけ早く，自分がボトルネックになる前に，老害だとか言われる前に，できるだけ若いものに早くバトンを渡していかなければいけないと真剣に思いました」[51]と述懐しているとおり，柳井氏と同様に自らの老化が経営にマイナスとなることを懸念して後継者を模索していた。しかし実際には，同氏の一貫性のない態度により，ソフトバンクの後継者問題は混迷したのである。

7.3.1 ソフトバンクアカデミアの設立

孫氏は，社内大学「ソフトバンクアカデミア」を2010年に設立した。同年の株主総会で発表された「新30年ビジョン」によれば，「ソフトバンクでも次の時代を担う統治者，経営陣を育てたい。それがソフトバンクアカデミアです。ひと言でいえば，孫正義の後継者を育成するための学校。事業部長とか部長を育成するための，一般的な会社でいう社員教育の場ではありません。（中略）目的はただ1つ。「孫正義2.0」を作るという事です。（中略）授業は私自身（筆者注：孫氏）が毎週行います。毎週水曜日の夜に，私自身が初代校長として責任を持って，ソフトバンクアカデミアを運営します。後継者を1カ月，2カ月で育てるのではなくて，10数年かけて，直接私が指揮し，指導して，競争させる中で育てていきます」（ソフトバンク（2010），96-98頁）とされ，孫氏の後継者の育成が目的であるとした。

後継者の条件については，同校における講義の中で孫氏が，「後継者のノルマは大きいよ。時価総額を10年で5倍に成長させることです」[52]と説明した。「新30年ビジョン」の「「孫正義2.0」を作る」との言葉と考え合わせる

---

[51] ログミーファイナンス2016年6月22日記事「孫正義氏「ニケシュには本当に申し訳ないことをした」ソフトバンク株主総会質疑応答」〈https://finance.logmi.jp/149287〉
[52] 東洋経済オンライン2014年12月29日記事「孫社長，意中の後継者はいったい誰なのか？」〈https://toyokeizai.net/articles/print/56800〉

と，柳井氏と同様に，孫氏自身の複製のような人物でなければ後継者にできないとの趣旨と解される。

アカデミアの具体的な運営については，「社外にも開放して企業経営者や医師，大学教授など幅広い人材が参加してきた。約300人の生徒は経営戦略などのテーマに沿ってプレゼンテーションを行い，全員による点数評価を通じて成績優秀者が選ばれる。年4回の決勝には孫も出席し，生徒に直接意見を言う。下位20％の生徒は毎年入れ替わるなど，徹底した競争環境で鍛えられる」とされた[53]。

この取り組みは，「優れた起業経営者を教育プログラムによって育成することが可能なのか」という非常に興味深いテーマでもある。しかしその後のアカデミアは，後継者育成という当初の目的からすぐに外れ，「スプリントの成長を加速するためにはどうすればよいか」など時々の経営課題について生徒からビジネスアイデアを募り，良いアイデアを出した者に事業やグループ会社を運営する機会を与えるという方向に変化した[54]。

社内大学のモデルとしては，GE社の「ジョン・F・ウェルチ・リーダーシップ開発研究所」（通称クロトンビル）[55]が著名である。ただし，同研究所では，GE全社に新しい経営手法を浸透させることを目的に毎年1万人以上の従業員に教育を実施しており，決してトップの後継者育成を主眼としているわけではない。

また，ファーストリテイリングも，社内大学「FRMIC（ファーストリテ

---

53 日経ビジネス2016年1月11日号記事「後継者選びこそすべて」45頁
54 「（アカデミアの）事務局長を務める青野史寛・ソフトバンク人事部長はこう言う。当初はただ一人の後継者を作るべく，経営のエッセンスを注ぎ込むイメージで，孫社長の講演型からスタートした。「それが，2回くらいで孫さんがもう飽きて（笑）。300人いる生徒からビジネスアイデアを募ろうということになった」。（中略）高得点がついたアイデアが事業化される例も出てきた。（中略）「アカデミアの連中には，早くうちのグループ会社の社長を経験し，実績を示してはい上がれと言っている」（孫社長）。事務局長の青野氏も「アカデミアは，実際に経営するチャンスを得る場」と認識している」（週刊東洋経済2012年11月24日号記事「ソフトバンク最大の課題　次の社長は誰だ？」60-61頁。傍点筆者）。
55 同研修所について日本GE社の熊谷昭彦社長は，以下のとおり述べている。
「GEは年間10億ドル規模の資金を人材育成に投じています。その大半が，世界初の企業内ビジネススクールとして1956年に誕生したクロトンビルの研修所の運営に費やされています。さらに，経営トップのジェフ・イメルトは，自分の時間の3分の1を人材育成に費やしていると話しています。それほど，GEはリーダー育成にコミットしているということです」（日経ビジネスオンライン2016年1月15日記事「企業内研修の頂点，GEクロトンビルが変わった」〈https://business.nikkeibp.co.jp/atcl/report/15/010800067/011400004/?ST=print〉）。

イリング・マネジメント・アンド・イノベーション・センター）」を 2010 年に設立したが，その趣旨については，「（柳井氏が目指す）全員経営とは，社員全員が経営者の視点で取り組もうというものです。まず（FRMIC に）選抜された社員 200 人を育成。その後は，その 200 人が先生になって残りの社員を育成していきます」[56] とされる。経営幹部層の選抜教育とそれを通じて全社的に変革を浸透させることを狙いとしている点で，GE 社と同様の構想と考えられる[57]。

　GE 社やファーストリテイリングの取り組みを勘案すると，アカデミアの方針転換はむしろ妥当と言うべきであろう。しかし，孫氏のアイデアだけが先行し，実際のプログラム内容が十分に検討されていなかった点は批判を免れない。ソフトバンクがワンマン経営に陥り，前述（本章 5.1 参照）した「起業家の慢心」や「従業員の依存心」が発生している可能性が高い。

7.3.2　アローラ氏の後継者指名と突然の退職

　2015 年 10 月に孫氏は，アカデミアの生徒ではなく，ニケシュ・アローラ氏を後継者に選定したと発表した。アローラ氏の前職は Google 社の副社長であり，2014 年 9 月に SB Group US 社の CEO に就任した後，2015 年 6 月にソフトバンクグループの代表取締役副社長に昇格していた。

　アローラ氏を後継者とした理由について孫氏は，「一緒に出張することも多く，会っていない時もほぼ毎日のように電話やメールで連絡を取り合っている。（中略）お互いが気心知れて一緒に議論していけるというのは非常に素晴らしい。今後もそういう関係を継続していけると心から確信できたため，今回の人事となった」[58] と説明した[59]。アローラ氏は孫氏との同質性が

---

[56]　日経ビジネス 2011 年 7 月 4 日号記事「グローバル・リーダーの育成　MBA 以外の選択肢」77 頁

[57]　「一橋 ICS（一橋大学大学院国際企業戦略研究科）と HBS（ハーバード大学ビジネススクール），そしてスイスの有力ビジネススクールである IMD が協力して，日米欧の 3 極で 200 人の経営幹部養成の教育プログラムを実行していくという。ビジネススクールの教授陣に加えて，コンサルタントや外部の経営者がメンター（助言者・相談者）としてプログラムに参加，経営の原理原則を教えると同時に，FR 内部で起きている現実の問題をケーススタディに取り上げ，その解決に取り組むことを通じて経営スキルの向上を図っていく」（週刊ダイヤモンド 2010 年 5 月 29 日号記事「最大の事業リスクは柳井氏自身　経営者養成機関は機能するのか」57 頁）。

[58]　ソフトバンクグループ発表資料「2015 年 3 月期決算説明会」

[59]　後継者選定の状況についてアローラ氏自身は，以下のとおり述懐している。「私はかつて Google にいて，なんで Google の仕事を捨てて日本に行かなければいけなかったのか。もちろん私たちにはいい相性がありましたし，お互い好きになってすぐ意気投合しました。カリフォ

非常に強い[60]上に，孫氏がアローラ氏に対して強い思い入れを抱いていたという点で，DeNA における南場氏と守安氏の関係に近い。

　しかし，2016 年 6 月の株主総会で，孫氏の続投とアローラ氏の退職が発表された。その理由について孫氏は，「（60 歳の）誕生パーティにソフトバンクの幹部と，僕の人生で知り合ったいろんな友人とかを呼んで，乾杯をしたときに突然「実は明日からニケシュが僕の後任で社長になる」とバトンを渡そうと本当に思っていたんです。だけど（60 歳まで）あと 1 年になっちゃった。「ちょっと待てよ」と考えてみると「俺は十分枯れたかな」と，まだ欲が出てきまして。"シンギュラリティ" がやってくるというなかで，もうちょっとやり残したことがあるなと。もうちょっと社長を続けていたいなという妙な欲が出てきてしまいまして，それでニケシュに「申し訳ない」と話をし（た）」[61] と説明した[62][63]。さらに続投の期間については，自分が 69 歳になるくらいまでと示唆した[64]。

ルニアで話したときもすごく盛り上がりました。「日本に来てください」と言われたんですけど，私は「ダメだ」と言ったんですよね。その後，孫社長はロサンゼルスに行ったんですけど，そこからすぐに私に連絡してきて「ロサンゼルスまでおいでよ。一緒にご飯を食べよう」と言いました。それも孫社長の情熱なんでしょうね。それで私も説得されたわけです」（ログミー 2015 年 10 月 22 日記事「孫正義氏のリーダー論　ソフトバンク後継者，ニケシュ・アローラ氏の資質とは」〈https://logmi.jp/business/articles/107101〉）。

[60] ただし，前述（本章 2.2 参照）したように Snapdeal の M&A の際に，アローラ氏がデューディリジェンスを具申したことに鑑みると，孫氏よりもリスク管理面のバランスが取れた人物であることがうかがえる。

[61] ログミーファイナンス 2016 年 6 月 22 日記事「孫正義氏「ニケシュには本当に申し訳ないことをした」ソフトバンク株主総会質疑応答」〈https://finance.logmi.jp/149287〉

[62] アローラ氏自身も，以下のとおり孫氏と同様の説明をしている。
「マサ（筆者注：孫氏）が 57 歳の時に『数年間一緒に仕事をして，その後，君は偉大な後継者になると思う』と言われ私は『素晴らしい』と答えた。彼が 60 歳に近づいたとき，彼は自分のやりたかったことをやりきっていないことに気付き，最低でもあと 10 年は続けたいと考え始めた」（Bloomberg2017 年 8 月 17 日記事「「マサのリスクへの意欲は不変」アローラ元ソフトバンク副社長語る」〈https://www.bloomberg.co.jp/news/articles/2017-08-16/OUPW016S972C01〉）。

[63] ソフトバンクの公式発表では，「当社代表取締役社長の孫正義は，アローラを有力な自身の後継者候補として考えていましたが，数多くのテーマに取り組む中で，当面は当社グループのトップとして指揮を執り続ける意向です。一方で，アローラは，数年のうちに孫に代わって当社グループのトップとして指揮を執りたいとの意向でした。こうした両者の時間軸のずれを踏まえ，アローラは当社の代表取締役及び取締役を任期満了に伴い退任し，次のステップに進むこととなりました」とされた（ソフトバンクグループ発表資料「代表取締役の異動（退任）に関するお知らせ」2016 年 6 月 21 日〉）。

[64] 「69 歳までっていうのは僕の 19 歳の時に決めていたので，少なくともそれまでには，社長というタイトル，CEO というタイトルは譲らなきゃいけないんじゃないかなというのは，今日現在は今でもそう思っています。（中略）あんまり老害になってもいけませんから，その辺は十分に見極めながら，毎日自問自答しながらやっていきますが，少なくとも最低 5 年，おそらく 10 年近くは社長のままいきたい，というのが，今回の決意でございます」（ログミーファイ

7.3.3 後継者問題に対する孫氏の責任

アローラ氏については，2016年1月の段階で利益相反疑惑が指摘され，解任要求がなされていた。ソフトバンクグループでは，取締役会の独立役員で構成される特別調査委員会を設置して調査を行った結果，2016年6月に「特別調査委員会は，当社の在任期間におけるニケシュ・アローラの行為に関わる本申し立て内容について，評価するに値しないとの結論に至りました」と発表した[65]。

しかし，同委員会は調査結果の詳細を公表していない上に，利益相反疑惑についての報道が具体的な事実関係について言及していること[66] を考えると，ソフトバンクの説明には疑問符がつく。また，特別調査委員会を設置して調査したという点で，ソフトバンク側がこの問題について事前に把握していなかったことがうかがえる。孫氏が直接指名した人物であるだけに，アローラ氏についてのデューディリジェンスが省略されていた可能性が高いが，これも同社の「守り」の脆さの証左と言えよう。

ちなみに，2018年3月には，ソフトバンク内の人物がアローラ氏の解任要求に協力していた疑いが浮上し，その経緯を検証するために特別調査委員会が改めて設置された[67]。同社内で後継者指名を巡る暗闘が繰り広げられていたとすれば，その遠因として，孫氏の後継者指名が不透明であったことを挙げざるを得ない。

次に，アローラ氏が在職中に受けた報酬額は，2015年3月期に契約金を含めて約165億円，2016年3月期に約80億円，退職金約68億円，総額は300億円超とされる[68]。他の取締役の報酬額を超過していること[69] や，2016

ナンス2016年6月22日記事「孫正義氏「ニケシュには本当に申し訳ないことをした」ソフトバンク株主総会質疑応答」〈https://finance.logmi.jp/149287〉）。
65　ソフトバンクグループ発表資料「当社取締役会の特別調査委員会　株主とみられる方からの申し立て内容に関する調査を完了」(2016年6月20日)
66　週刊東洋経済2016年7月9日号記事「ニケシュ波乱の半年間　円満退社に複数の疑惑」94・96頁
67　日本経済新聞2018年3月28日朝刊記事「ソフトバンクが特別調査委　アローラ氏退任巡り疑惑」
68　日本経済新聞電子版2016年7月28日記事「ソフトバンク，アローラ前副社長の退職金68億円」〈https://www.nikkei.com/article/DGXLASDZ28HO5_Y6A720C1000000/〉
69　アローラ氏以外の役員の2016年3月期の連結報酬は，孫氏130百万円，ロナルド・フィッシャー氏2,096百万円，宮内謙氏317百万円，宮坂学氏130百万円であった（2016年3月期有価証券報告書77頁）。

年3月期のソフトバンクグループの配当総額（中間配当と期末配当の合計）が475億円であったことを考えると，あまりに高額な報酬である。この件について2017年6月の株主総会では，以下の質疑応答がなされた。

「アローラ元副社長への高額退職金についても，株主から質問があった。「（中略）高額報酬批判のある日産自動車のカルロス・ゴーン会長よりはるかに額が大きい。アローラ氏に払う分を配当に回せばもっと株主還元ができたはず」という趣旨で，「二度とこのようなことがないようにお願いします」との要望付きの質問である。

孫社長は「数百億円のストックオプションを捨ててグーグルから来てもらうには，同等かそれ以上の報酬を提示しないといけないと思った。ニケシュが貢献した額も大きい」と理解を求めた。（中略）二度とこのようなことがないように，という要望に対しても，「どんな人物で，その人物がソフトバンクに合うか，来てもらうタイミングが合うか。（海外から大物経営者を招聘することは）またあるかもしれない。そういう意味ではあまり反省していない」と主張。これには会場からパラパラと拍手があった程度だった」[70]

Google社の前職で高額報酬を得ていたアローラ氏を引き抜くには，ソフトバンク側も高額報酬を提示する必要があったことは確かである。しかし，そもそも引き抜きの理由が同氏を後継者とするためであったことを勘案すると，後継者問題に対する孫氏の揺らぎによって，この高額報酬が無駄になったとの見方は正当と考えられる。

この点に対する孫氏の責任感の欠如は大きな問題であり，社会的財産である上場企業をまるで私物のように意識しているのではないだろうか。さらに言えば，社外取締役が本件について孫氏の責任を厳しく追及しなかったのは不可解であり，ソフトバンクの企業統治に問題があると言わざるを得ない。

7.4 小括

後継者の選任は，起業家の老化による経営判断の失敗を回避し，ワンマン

---

[70] 東洋経済オンライン2017年6月22日記事「孫社長，「後継者はAIではなく人間にしたい」」〈https://toyokeizai.net/articles/print/177358〉

経営から脱却する機会となるだけでなく，企業規模の拡大に則して「守り」の面のバランスの取れた経営者を任用するという意義が大きい。しかし実際には，起業経営者が後継者の選任に消極的であったり，一旦は後継者を選任したにもかかわらず，結局はワンマン経営を続行したりするケースが少なくない。

その背景として，起業経営者が，「攻め」だけでなく「守り」にも配慮する後継者に不満を抱くことや，自らが主導的に経営に携わることができない状況にフラストレーションを感じることが挙げられる。その意味では，チーム経営への移行問題と同様に，これまで積み上げてきた成功体験や起業家精神が，後継者へのバトンタッチの妨げとなっている。

8 提携企業の留意点

近年では，ベンチャー企業の成長性に着目して，既存の大企業が資本参加や営業の受託などの形でベンチャー企業との業務提携を図るケースが散見される。こうした提携企業側でも，「ベンチャー経営の変革困難性のリスク」に留意しつつ，ベンチャー企業の成長段階に応じた経営変革を促していく必要がある。

その手法の一つとして，提携企業からベンチャー企業側に対し，総務・経理関係の人材を出向させることが多く，チーム経営に移行する通過点として評価できる。しかし，筆者が某企業（東証1部上場）から事情聴取したところ，「そうした人材派遣を行って，ベンチャー企業への支援を強めていく過程で，イノベーションが低調になるという問題が生じている」との説明であったので，この点について若干考察したい。

出向人材が大企業社員ということで，起業家と視点が異なることは当然であり，むしろそうであるからこそ，ベンチャー企業の経営変革に役立つ。その一方で，筆者が事情聴取した限りでは，出向人材に見られる問題として，腰掛け意識や責任回避，受け身姿勢などの主体性・積極性の欠如，ベンチャーの「攻め」に関する部分に対する過度の牽制，意思決定の遅延，会議や報告・連絡・相談の重視などのスピード感の欠如が挙げられる。

これらは，大企業で働いていた時の仕事ぶりをそのままベンチャー企業に持ち込んだことが原因と認められる。出向人材としては，「角を矯めて牛を殺す」ことがないように，ベンチャー企業の仕事の進め方に出来る限り合わせていくことが必要とされる。言い換えれば，出向人材に柔軟性や応用力，さらにベンチャーに対する理解が不足していることが問題の本質と言えよう。

　樋口（2016a）は，佐伯・柴田（2008）の指摘事項を整理し，天下りの弊害について，【類型Ⅰ】天下り幹部の主体性の喪失と従属意識，【類型Ⅱ】天下り幹部の近視眼的姿勢，【類型Ⅲ】プロパー社員の思考停止の3類型に大別し，これらに共通する組織体質を「天下りによって醸成された無責任体質」と総括した。さらに，「天下りの人事慣行は，官庁関係だけでなく民間企業でも広く見受けられ，本研究が指摘した「天下りによる無責任体質のリスク」が様々な企業グループを蝕んでいるおそれは否定できない」（同203頁）と指摘した。

　ベンチャーへの適性が欠けている人物が出向人材とされる理由として，大企業の「天下り」的発想により，社内では二線級で比較的高齢の社員を出向させることが慣例化しているケースが少なくないと考えられる。様々なシステムが整った大企業の中でさえ，さほどの業務貢献が見られないような人材が，生き馬の目を抜くベンチャーで使い物にならないのはむしろ当然であろう。ちなみに，ベンチャー企業に対する投資の経験を蓄積してきた某商社では，ベンチャーへの適性が高い若手の有能な人材を派遣する形に既にシフトしているとのことである。

9　本章のまとめ

　ベンチャー企業を率いる起業家には，自ら道を切り拓こうとする「独立性」やイノベーションを生み出す「独創性」に加えて，ベンチャー企業の立ち上げ時に「攻め」を推し進めるために，「強い志」「目標達成への執念」「リスクを怖れぬ姿勢」「強いイニシアティブ（行動力）」などの特性が必要とされ，こうした特性を総称したものが「起業家精神」である。

起業家は必ずしも万能ではなく，経験やノウハウの不足などにより，一部の経営機能を不得手としていることが通例である上に，起業家の特性が「守り」の局面で弱点に転じかねないおそれがある。こうした「起業家に不足している能力」や「起業家ならではの弱点」による問題が，ベンチャー企業の規模拡大に伴って顕在化する結果，起業家は経営方式の変革を迫られる。

　経営変革の方策としては，起業経営者を支援する補佐役の起用，起業経営者の暴走を抑止する企業統治の構築，起業経営者のワンマン経営から経営チームへの脱皮，そして起業経営者の退場に伴う後継者の選定の4件が挙げられる。しかし実際には，起業家の成功体験や起業家精神が経営変革の障害となってワンマン経営が続けられることが多い。このように起業家自身が経営方式の変革に消極的なために，リスク管理や企業統治の整備が遅れて経営上の問題が誘発されるリスクを「ベンチャー経営の変革困難性のリスク」と呼ぶこととする。

　経営実践上の含意としては，ベンチャー企業がその規模を拡大していく過程で，起業家自身が経営変革の必要性を認識して，チームによる経営への移行と企業統治の構築に努力するとともに，「攻め」と「守り」の面でバランスの取れた後継者を育成しなければならない。ちなみに，起業家の特性のために，以上のような経営変革を自ら進めることが難しい場合には，起業家が当該企業の経営から離脱して別の方面で新しい出発を図ることが適当であろう。

おわりに

　DeNAの著作権侵害事件について別冊宝島編集部（2017）は、「一連の騒動には、日本のインターネット産業と社会構造が抱える問題が凝縮されている。職を失ったライターやパートに出ることのできない主婦、就職にあぶれた若者を掻き集め、法律の網をかい潜る巧妙な転用・登用マニュアルを用意し、雀の涙にもならない報酬で記事を量産させる。「盗用がバレたらその記事だけを削除すればいい」「責任は記事を書いた外部ライターにある」「記事によって読者が不利益をこうむっても責任は負わない」……。そこにはモラルもルールもない。こうして生まれた原価数百円の記事が、グーグルの検索システムの裏をかくことに長けた技術者の手を経ることによってPV（ページ閲覧数）を上げ、何千倍、何万倍もの価値を生むようになるのだ。収益の大半はネット広告である。デタラメな盗用記事でユーザーを欺き、広告のクライアントさえも煙に巻く。これほど「虚業」という言葉が似合う"ビジネス"はない」（同3頁）と厳しく批判した。

　良心的な編集者やクラウドワーカーが一部に存在したことは否定しないが、全体としてみれば、まさにそのとおりと言わざるを得ない。それでは、本事件の反省を受けてDeNAは変わっていくのだろうか。

　南場氏は、「誰かが悪いことをしてやろうと企んだ、ということではなく、すごく知識のない状態で突き進んでしまい、そこに、現場をくまなく見ていないという経営の甘さがあって起きてしまった」「私たちはリスク管理の不備こそが経営をスローダウンさせるということを今回、学びました」と弁解し、守安氏に関しても、「（この事件の反省により）足りないところを認識した彼（筆者注：守安氏）はもっと強くなるだろうな、と思っておりまして、実を言うとさらに期待を大きくしているところです」と擁護した[1]。

　しかし、南場氏が掲げた「知識不足の状態で事業を推進」「経営の甘さに

1　日経ビジネス2017年10月9日号記事「私たちは挑戦を諦めない　南場智子氏」79-80頁

よる現場の未把握」「リスク管理に関する不勉強」は，一般の企業であれば経営能力の深刻な欠如と見做される問題である。さらに，株主に重大な損害を与えながら，「この件で守安氏は勉強したから今後は期待できる」とは，あまりに無責任ではないだろうか。本事件の当時も，南場氏が経営全般を監督する取締役の職務に就いていた（＝守安氏の経営を監視する立場であった）ことを考えると猶更である。

こうした南場氏の発言からは，DeNAが社会の公器である上場企業に成長したにもかかわらず，当人が依然としてオーナーの感覚でいるような印象を受ける。南場氏は優れた「起業家」であっても，大企業の「経営者」としては不適当ではないかとの疑いを払拭できない。これでは，本事件についての反省が表面的なものにとどまり，企業体質は一向に改善されないことが懸念される。さらに，ファーストリテイリングやソフトバンクにも見られたように，こうした思考が起業家に共通しているとすれば，今後も様々なベンチャー企業で同種の不祥事が発生することになろう。

低成長の続く日本経済では，ベンチャー企業の成長力に対する期待が高まっており，既存の大企業が資本参加や営業の受託などの形でベンチャー企業との業務提携を図るケースも増えている。こうした情勢を受けて，ベンチャー経営論では，「いかにしてベンチャーを育成するか」について盛んに議論が進められているが，現に成長を遂げたベンチャー企業を社会的財産として安定化させる方策については関心が薄いように思われる。

成功した起業家をカリスマとして崇め，その短所については目を瞑るが如き最近の風潮は，極めて危険と言わざるを得ない。本研究が，ベンチャー企業の成長段階に応じて経営変革を促していく必要性を強調した上で，起業家自身がそれに消極的であるために，リスク管理や企業統治の整備が遅れて経営上の問題が誘発されるリスクとして，「ベンチャー経営の変革困難性のリスク」を抽出したことの意義は少なくないと思量する。

厳しいことを申し上げたが，筆者は決して起業家を敵視しているわけではない。むしろその逆である。かつてベンチャーであったトヨタ自動車やホンダ，ソニーが今日の日本経済の屋台骨を支える存在となっているように，現代のベンチャー企業もどっしりとした大樹に成長していくことを強く念じて

いる。優れた起業家の皆さんが「百年企業の経営者」へと脱皮するために，本書がその道標となることを願ってやまない。

付記

　最後に一つお断りしておきたい。筆者の不祥事研究では，出来る限り事実関係の誤認を減らすため，当該企業に対して情報提供を依頼するとともに，分析に当たって中立的・客観的な視点を担保するため，当該企業に論文の草稿を提示して，その意見さらには反論を聴取することにしている。本件についてもDeNAに対して協力を要請したが，同社のキュレーションサポート事務局の回答（2018年1月29日）は，「ご質問いただきました反論機会の付与（論文草稿の送付）ですが，希望なしとなります。また当社からお伝えできることはIRリリースで公開している範囲となるため，公開情報以外のご質問への回答は行っていません」であったため，情報収集や意見聴取を行うことはできなかった。非常に残念なことである。

参考文献

ティモンズ, J. A.（1997）『ベンチャー創造の理論と戦略 ―起業機会探索から資金調達までの実践的方法論―』（千本倖生・金井信次訳）ダイヤモンド社（Timmons, J. A.（1994）*New Venture Creation*, 4th ed. Irwin）

ドラッカー, P. F.（2015）『イノベーションと企業家精神【エッセンシャル版】』（上田惇生訳）ダイヤモンド社（Drucker, P. F.（1985）*Innovation and Entrepreneurship*, Harper & Row）

青野豊作（2011）『新版番頭の研究 ―ナンバー 2・参謀とは違う日本型補佐役の条件―』ごま書房新社

足立健二（2017）「DeNA パクリサイトの記事を量産した 1 文字 0.5 円の最底辺ライターたち」別冊宝島編集部編（2017）126-137 頁

石田英夫（2004）「起業家とベンチャー成長の諸条件」『国際ビジネス研究学会年報』10 号, 91-102 頁

岡村久道（2014）『著作権法』民事法研究会

小田晋（2007）『補佐役の精神構造』生産性出版

金井一頼・角田隆太郎（2002）『ベンチャー企業経営論』有斐閣

岸川善光・八杉哲・谷井良（2008）『ベンチャー・ビジネス要論（改訂版）』同文舘出版

許伸江（2011）「ベンチャー企業のマネジメント分析の現状と課題 ―3 社の事例にみる企業家の役割―」『跡見学園女子大学マネジメント学部紀要』12 号, 129-151 頁

清成忠男・中村秀一郎・平尾光司（1971）『ベンチャー・ビジネス ―頭脳を売る小さな大企業―』日本経済新聞社

楠木建（2017）「DeNA の事業経営―その失敗の本質」別冊宝島編集部編（2017）104-115 頁

佐伯弘文・柴田昌治（2008）『親会社の天下り人事が子会社をダメにする』日本経済新聞出版社

桜田徹（2017）「村田マリの「盗用ビジネス」に 50 億投資 「守安独裁帝国」の歪んだガバナンス」別冊宝島編集部編（2017）24-39 頁

四宮正親（2006）「補佐役の企業家活動 ―盛田昭夫と藤沢武夫―」法政大学イノベーション・マネジメント研究センター〈http://riim.ws.hosei.ac.jp/wp-content/uploads/2014/10/WPNo.22_shinomiya.pdf〉

白石竜次（2017）「デタラメ医療サイト WELQ が検索上位に表示されたカラクリ」別冊宝島編集部編（2017）148-164 頁

城山三郎（1988）『屈託なく生きる』講談社

ソフトバンク（2010）『ソフトバンク 新 30 年ビジョン』ソフトバンククリエイティブ

第三者委員会報告書格付け委員会（2017）『第13回格付け　総合評価』
戸田俊彦（1988）「ベンチャー経営の倒産・成功要因」『日本経営診断学会年報』20号，138-147頁
中山信弘（2014）『著作権法　第2版』有斐閣
南場智子（2013）『不格好経営』日本経済新聞出版社
西田通弘（1993）『本田宗一郎と藤沢武夫に学んだこと　―「主役」と「補佐役」の研究―』PHP研究所
野中郁次郎編著（2002）『イノベーションとベンチャー企業』八千代出版
春田真（2015）『黒子の流儀』KADOKAWA
樋口晴彦（2006）「大和銀行ニューヨーク支店巨額損失事件の研究（下）」『捜査研究』55(2)，67-71頁
樋口晴彦（2011a）「新銀行東京の経営悪化事案に関する事例分析」『CUC Policy Studies Review』29号，13-27頁
樋口晴彦（2011b）「組織不祥事の原因メカニズムの分析　―18事例に関する三分類・因果表示法を用いた分析と原因の類型化―」『CUC Policy Studies Review』30号，13-24頁
樋口晴彦（2012）『組織不祥事研究　―組織不祥事を引き起こす潜在的原因の解明―』白桃書房
樋口晴彦（2013a）「日本における社外取締役の現状と課題　―その独立性と機能の確保を中心に―」『千葉商大紀要』50(2)，63-82頁
樋口晴彦（2013b）「大王製紙会長による特別背任事件の事例研究」『千葉商大論叢』51(1)，159-174頁
樋口晴彦（2013c）「東海ゴム工業の労働安全衛生法違反事件の事例研究」『危機管理システム研究学会（ARIMASS）研究年報』11号，1-9頁
樋口晴彦（2014）「オリンパス不正会計事件の事例研究」『千葉商大論叢』51(2)，189-231頁
樋口晴彦（2015）「ベネッセ顧客情報漏えい事件の事例研究」『千葉商大論叢』53(1)，155-171頁
樋口晴彦（2016a）「労働者健康福祉機構の虚偽報告事件の事例研究　―「天下り」問題を中心に―」『千葉商大論叢』53(2)，187-207頁
樋口晴彦（2016b）「日本交通技術の外国公務員贈賄事件の事例研究」『千葉商大紀要』53(2)，107-126頁
樋口晴彦（2016c）「東洋ゴム工業の免震ゴム事件等の事例研究」『千葉商大紀要』54(1)，57-98頁
樋口晴彦（2017）『東芝不正会計事件の研究　―不正を正当化する心理と組織―』白桃書房
プロネッド（2017）『2017年社外取締役・社外監査役白書』
別冊宝島編集部編（2017）『DeNAと万引きメディアの大罪』宝島社

牧野利秋・飯村敏明編（2004）『新・裁判実務大系　著作権関係訴訟法』青林書院
松田修一（2014）『ベンチャー企業（第4版）』日本経済新聞出版社
宮島理（2017）「DeNA「大量パクリメディア」全10サイト閉鎖騒動の顛末」別冊宝島編集部編（2017）14-23頁
森雄繁（1994）『補佐役　―新しいリーダーシップ像―』同文舘出版
柳孝一（2004）『ベンチャー経営論　―創造的破壊と矛盾のマネジメント―』日本経済新聞社
柳井正（2003）『一勝九敗』新潮社
山本治（1977）『ホンダの原点　―脇役に徹した藤沢の経営学―』自動車産業研究所
早稲田大学アントレプレヌール研究会（2001）『ベンチャー企業の経営と支援（新版）』（松田修一監修）日本経済新聞社
早稲田大学大学院商学研究科（2011）『ベンチャーダイナミズム』（松田修一監修）白桃書房

索　引

―あ行―

天下りによる無責任体質のリスク………… 174

イノベーション………… 100, 130-134, 139-141,
164, 169, 173, 174

―か行―

起業家………… 20, 110, 129-136, 138, 140-144,
148-150, 152-155, 160, 161,
163-165, 172-175, 178
起業家精神………………… 95, 129, 131, 132, 134,
139-141, 161, 163, 165, 173-175
起業家ならではの弱点……… 136, 138, 141, 144,
153, 160, 163, 175
起業家に不足している能力……… 135, 138, 141,
144, 145, 148, 152,
160, 163, 175
起業家の特性…………… 132-134, 136, 144, 175
起業家の慢心………………………… 153, 169
起業経営者…… 129, 141, 144, 145, 151, 153-155,
158-161, 163-165, 168, 173, 175
企業統治（ガバナンス）………… 83, 85, 96, 103,
105-107, 109, 122-124, 126, 129,
144, 153-157, 159, 172, 175, 178
企業統治の機能不全による組織不祥事リスク
………………………………………… 106, 107

コーポレートガバナンスに関する基本方針
ベスト・プラクティス・モデル………… 156
コンプライアンス…… 13, 14, 16, 17, 66, 92-94,
100, 103, 108, 111, 113,
115, 117, 118, 122, 124, 125

―さ行―

再発防止対策の空洞化のリスク………… 121
再ベンチャー化……………… 92, 139-141

社外役員等に関するガイドライン………… 156
従業員の依存心………………… 153, 169
上位者への迎合のリスク…… 115-117, 119, 127

組織文化……………………………… 92, 109

―な行―

内部統制……………… 106, 111, 122, 124, 154

―は行―

不正行為の自己正当化のリスク………………92

ベンチャー経営の変革困難性のリスク
………………… 129, 144, 173, 175, 178

―ま行―

目標間のトレードオフによる組織不祥事リスク
……………………………………………… 125

―わ行―

ワンマン経営…… 96, 97, 103, 104, 116, 117, 124,
143, 144, 153, 154, 157, 159, 160,
162-164, 169, 172, 173, 175

―欧字―

CSR（企業の社会的責任）………… 10, 14, 16,
17, 92, 110
O（オポチュニティ）企業……………… 89, 90
Q（クオリティ）企業………………………89

■著者略歴

樋口　晴彦（ひぐち・はるひこ）

1961年生まれ。1984年に東京大学経済学部卒業，警察庁へ。内閣安全保障室参事官補，愛知県警察本部警備部長，四国管区警察局首席監察官などを経て，現在は警察大学校警察政策研究センター教授。これまでオウム真理教事件，ペルー大使公邸人質事件，東海大水害対策などの危機管理に従事。

企業不祥事の分析を通じて組織のリスク管理及び危機管理を研究。1994年にダートマス大学 Tuck School で MBA，2012年に千葉商科大学大学院政策研究科で博士（政策研究）を取得。

著書に，『東芝不正会計事件の研究』『組織不祥事研究』（白桃書房），『続・なぜ，企業は不祥事を繰り返すのか』『なぜ，企業は不祥事を繰り返すのか』（日刊工業新聞社），『組織行動の「まずい!!」学』（祥伝社），『組織の失敗学』（中央労働災害防止協会）など多数。

■ ベンチャーの経営変革の障害
　—「優れた起業家」が「百年企業の経営者」となるためには……—

■ 発行日──2019年2月6日　初版発行　〈検印省略〉

■ 著　者──樋口晴彦

■ 発行者──大矢栄一郎

■ 発行所──株式会社 白桃書房
　〒101-0021　東京都千代田区外神田 5-1-15
　☎ 03-3836-4781　FAX 03-3836-9370　振替 00100-4-20192
　http://www.hakutou.co.jp/

■ 印刷・製本──三和印刷株式会社

Ⓒ Haruhiko Higuchi 2019　Printed in Japan
ISBN 978-4-561-26725-6　C3034

本書のコピー，スキャン，デジタル化等の無断複製は著作権法上での例外を除き禁じられています。本書を代行業者等の第三者に依頼してスキャンやデジタル化することは，たとえ個人や家庭内の利用であっても著作権法上認められておりません。

JCOPY　<（社）出版者著作権管理機構 委託出版物>

本書の無断複製は著作権法上での例外を除き禁じられています。複製される場合は，そのつど事前に，出版者著作権管理機構（電話 03-5244-5088，FAX03-5244-5089，e-mail: info@jcopy.or.jp）の許諾を得てください。

落丁本・乱丁本はおとりかえいたします。

好評書

組織不祥事研究
― 組織不祥事を引き起こす潜在的原因の解明 ―
樋口晴彦著

不祥事発生の原因は組織にある。組織不祥事研究の新しいフレームワークを提示し，それを用いて18事例の組織不祥事の原因メカニズムを解明した上で，組織不祥事を誘発する潜在的原因4類型を抽出・分析。

本体価格 4000 円

東芝不正会計事件の研究
― 不正を正当化する心理と組織 ―
樋口晴彦著

大規模かつ複数年に渡り複数部門で行われた不正会計が明るみに出，後に引き続いた原発子会社の巨額の減損処理に伴い経営危機に陥っている東芝。日本を代表していた企業で起きた不祥事群を、公開資料・報道を多面的に突き合わせ分析。

本体価格 3300 円

組織変革のレバレッジ
― 困難が跳躍に変わるメカニズム ―
代表 安藤史江 ＋ 浅井秀明・伊藤秀仁・杉原浩志・浦倫彰著

「危機意識はあるのに動けない」「変革へのビジョンはあるのに組織内に問題が起きる」等、変革の際に生じる4つの困難。事例の追究により変革のレバレッジとなる切り替えスイッチの存在と、その見つけ方を示唆。

本体価格 3800 円

開示不正
― その実態と防止策 ―
八田進二編著

本書は日本ディスクロージャー研究学会の研究成果をまとめたものである。近年、日本で社会的に騒がれた、さまざまな企業・組織の不祥事や不正を取り上げ検証・分析を行い、教訓や今後の課題について防止・是正策を提言。

本体価格 3500 円

白桃書房

本広告の価格は税抜き価格です。別途消費税がかかります。